# Landschaftsarchitektur auf globalem Terrain

HATJE CANTZ

A.M.

draußen

Landschaftsarchitektur
auf globalem Terrain

Publikation zur Ausstellung
des Architekturmuseums
der Technischen Universität
München in der
Pinakothek der Moderne
27. April–20. August 2017

Herausgegeben von Andres
Lepik in Zusammenarbeit mit
Undine Giseke, Regine Keller,
Jörg Rekittke, Antje Stokman
und Christian Werthmann

# draußen

# Landschaftsarchitektur auf globalem Terrain

# Inhalts-verzeichnis



## Projekte

# Andres Lepik

# Vorwort

Zum Anfang des 21. Jahrhunderts steht der Planet Erde in einer zunehmend kritischen Situation, denn die Menschheit ist mit allen ihr zur Verfügung stehenden Mitteln dabei, ihren eigenen Lebensraum endgültig zugrunde zu richten. Und sie tut dies bei vollem Bewusstsein, die Warnsignale sind lange bekannt: Klimawandel, Polschmelze, Flutkatastrophen, Artensterben ... Auch 45 Jahre nach dem Erscheinen von *Die Grenzen des Wachstums,* jener wegweisenden Publikation des Club of Rome, hat sich an der Situation kaum etwas geändert, und nur in wenigen Fällen wurden die politischen Strukturen der Situation angepasst. Doch der Verteilungskampf um die verbleibenden Ressourcen ist unerbittlicher geworden. »America first« ist die jüngste und zynischste Parole für einen nationalen Egoismus, der nicht anerkennen will, dass die Menschheit als Ganzes Verantwortung trägt und als Ganzes handeln muss. Denn es gibt keinen Ersatzplaneten, auch nicht für jene, die Fakten leugnen.

Angesichts dieser Entwicklungen ist auch der Begriff »Landschaft« an einen Wendepunkt gekommen, vor allem, wenn wir damit die populäre Vorstellung eines Locus amoenus als ästhetische Kategorie verstehen. Im Grunde steht jede Landschaft inzwischen in unmittelbarer Abhängigkeit von den Prozessen, die das Wachstum der Menschheit und ihrer steigenden Bedürfnisse begleiten. Und Landschaftsarchitektur, eine Disziplin, die sich räumlicher Planung und Gestaltung widmet, muss ihren Fokus immer mehr auf die Systeme richten, die unsere Lebenszusammenhänge zukünftig bestimmen werden. Darstellung und Analyse spezifischer Situationen sind der erste Schritt, um verantwortliches Handeln zu ermöglichen, um Instrumente zu entwickeln, mit denen Landschaft in der Zukunft überhaupt noch sinnvoll, das heißt in Relation zu den sich immer weiter verschlechternden Rahmenbedingungen, gestaltet werden kann. Es ist vordringlich, die breite Aufmerksamkeit für die komplexen Systeme zu erzielen, bei denen wir inzwischen alle Mittäter und Mitopfer zugleich sind. Ob es dann kurz- oder langfristige »Lösungen« für die erkannten und beschriebenen Probleme geben wird, ist dabei vielleicht sogar zweitrangig.

Das Architekturmuseum der Technischen Universität München widmet sich seit 2013 in seinem Programm verstärkt den Fragen der gesellschaftlichen Relevanz des Planens und Bauens in einem globalen Kontext. Mit der Ausstellung *draußen – Landschaftsarchitektur auf globalem Terrain* präsentieren wir jetzt erstmals auch Landschaftsarchitektur, jene Disziplin, die an der Fakultät für Architektur unserer Hochschule schon lange vertreten ist. Hervorgegangen ist das Projekt aus einer gemeinsamen Initiative von fünf Hochschullehrern, deren Forschung sich jenen Räumen widmet, die exemplarisch für die aktuellen Bedingtheiten der Menschheit im 21. Jahrhundert stehen. Es sind Megacitys oder auch andere Städte, deren Stoffkreisläufe und Wachstumsprozesse immer mehr Konsequenzen für die Versorgung, die Sicherheit und den ökonomischen Chancen von Millionen von Menschen haben. Zehn Projekte und Analysen machen exemplarische Situationen sichtbar und bieten in einigen Beispielen auch Handlungsalternativen an. Wir hoffen, dass mit dieser Ausstellung auch einer breiteren Öffentlichkeit deutlich wird, welche besondere Rolle die Landschaftsarchitektur für globale Entwicklungen einnehmen kann.

●

Undine Giseke, Regine Keller, Jörg Rekittke, Antje Stokman, Christian Werthmann

# draußen

# Landschafts-architektur auf globalem Terrain

Die Landschaftsarchitektur als akademische Disziplin ist relativ jung. Die Triebfeder, sie zu etablieren und ein spezifisches Aufgabenspektrum zu entwickeln, war – angesichts der zunehmenden Verstädterung des sich rasant industrialisierenden Europas Ende des 19. Jahrhunderts – der frappierende Mangel an öffentlichem, nutzbarem städtischen Freiraum. An die Disziplin wurde seither im Sinne der Moderne und ihres Paradigmas der technischen Machbarkeit immer wieder der Anspruch an die Verbesserung der städtischen Umwelt gestellt, sei es durch die Repräsentation eines gesünderen, enger mit der Natur verbundenen Lebens, des sozial gerechten Zugangs zu urbanem Grün oder schlicht der kosmetischen Verschönerung der Städte.

So wird der Landschaftsarchitekt bis heute von der breiten Öffentlichkeit vor allem als positiver Charakter empfunden – die Städte begrünend und im Kontrast zu den Architekten stehend, denen der städtische Beton zugeschrieben wird. Und nicht wenige Akteure der Landschaftsarchitektur wünschen, gleichermaßen als Gärtner wahrgenommen zu werden, reklamieren für sich, mit Schönheit zu operieren, und hoffen, auch Künstler sein zu können, in der Erschaffung anthropogener Natur.

Die Verfasser dieser Ausstellung sind an keiner dieser Rollen interessiert. Ihre Arbeiten repräsentieren keines der erwähnten Heilsversprechen.

Wer erwartet, dass Landschaftsarchitekten urbane Paradiese in Form von Gärten und Parks entwerfen, Städte, Straßen und Plätze begrünen und danach trachten, die Welt zu verschönern, wird von dieser Ausstellung enttäuscht werden. In diesem Fall wird bewusst nicht versucht, Landschaftsarchitektur mit den Berufsfeldern Gartenbau, Landschaftsbau und Grünpflege oder dem kunstgeschichtlichen Sujet der Gartenkunst gleichzusetzen.

Gegenstand der Ausstellung und des Katalogs sind Haltungen und Arbeitsweisen, die die Landschaftsarchitektur von den Klischees des Grünen, Schönen und Leichten distanzieren. Sie nähern sich einer inzwischen globalen Realität an, die in immer drastischerer Weise weder grün noch schön und für viele Bewohner auch nicht problemlos zu ertragen ist. In Ländern, wo die Städte so schnell wie niemals zuvor wachsen, zeigt sich eine Urbanität, die nicht selten ausladend, brutal, schmutzig, gnadenlos und ungeniert umweltfeindlich ist. Dieser zeitgenössischen Ausprägung globaler Urbanisierung ist mit bürgerlichem Repräsentations- und demokratischem Versorgungsgrün westlicher Machart und dem ihm innewohnenden Paradiesversprechen nicht beizukommen. Die Virulenz der schnell wachsenden Städte erzeugt vielfältige und vielschichtige Probleme – und mit ihnen müssen neue Ansätze der Transformation entwickelt werden. Diese neuen Knotenpunkte der Urbanisierung sind die aktiven Generatoren von Wissen über die Zukunft der Städte und über ihre Verknüpfungen mit der natürlichen Umwelt. Mit diesen realen Entwicklungen erweitert sich auch zwangsläufig das Aufgaben- und Berufsfeld der Planer, Architekten und Landschaftsarchitekten.

Längst ist klar: Landschaft und Stadt sind in diesem Prozess zwei komplexe, permanent interagierende Systeme, die häufig in Widerstreit geraten. Landschaft ist längst nicht mehr Gegenwelt zur Stadt. Landschaft ist nicht das »Außen«, auch wenn dieses einfache Bild immer noch eine unbestreitbare Verführungskraft besitzt. Landschaft ist vielmehr die Substanz, der Rezipient und der Auslöser gewaltiger urbaner Prozesse und Basis des städtischen Stoffwechsels. Stadt schleust Waren und Naturgüter, die in landschaftlichen Räumen – ob nah oder fern – generiert werden, permanent in sich hinein und stößt sie noch viel zu oft unverdaut in Form von Müll und Abwasser wieder in die Landschaft aus. Beide Raumphänomene sind auf engste Weise morphologisch und stofflich, sozial und ökonomisch verschränkt und ihre Grenzen verflüssigen sich mehr und mehr. Stadt ist in der Landschaft und Landschaft in der Stadt. Ihr Ineinander und Miteinander sind synergetisch, gleichzeitig auch reibungsvoll und konfliktträchtig. Konkret bedeutet es, umzugehen mit der Zerstörung von Kulturlandschaften ebenso wie mit Überflutungen, Hangrutschungen, Müllbergen oder Erdbeben in den wachsenden Städten, deren immensen Bedarf an Fläche, Nahrung oder Wasser. Dabei wird deutlich: Das urbane System in seinen vielfältigen Wechselbeziehungen ist schwer durchschaubar. Wie einst die unzugänglichen Urlandschaften sind es heute die neu entstehenden Stadtlandschaften, die in ihrer Vielschichtigkeit, ihrer Grenzenlosigkeit und ihrer schieren Größe eine Art neue Terra incognita repräsentieren.

Trotz hochauflösender Satellitenbilder stehen wir vor neuen Rätseln. In einer hochvernetzten Welt scheint alles miteinander zusammenzuhängen und ist dennoch in seiner Komplexität nicht zu erfassen. Als Landschaftsarchitekten sehen wir uns zugleich ganz konkreten Lokalitäten gegenüber in der Verantwortung, zum Beispiel mit einem dicht besiedelten, erdrutschgefährdeten Steilhang umzugehen, wo Menschen, Tiere und Pflanzen versuchen müssen, miteinander zurechtzukommen – oder schlichtweg zu überleben. Landschaftsarchitektur bedeutet für uns, durch genaues Hinschauen konkrete Ortskompetenz zu erlangen und die jeweils unterschiedlichen urban-natürlichen Zusammenhänge bestmöglich zu entschlüsseln. Mag dies noch mit dem Blick von außen gelingen, so erfordert das Identifizieren von Stellschrauben, an denen Veränderungsprozesse ansetzen können, nicht nur am Ort, sondern im Ort zu sein, zu kooperieren, konkrete Veränderungen zu imaginieren und zu initiieren.

Die Projekte in diesem Katalog widmen sich daher zuallererst dem Verstehen der Zusammenhänge von Stadt und Landschaft und ihrem diffizilen Miteinander. Die begleitenden Probleme zeigen sich in den gegenwärtigen Urbanisierungsprozessen weitgehend außerhalb Europas so drastisch wie nirgends sonst. Dies ist der Grund, warum die Tätigkeitsfelder der an der Ausstellung Beteiligten jenseits ihrer Heimat liegen. Allen ist eine deutsche Herkunft sowie eine international ausgerichtete akademische Lehr- und Forschungstätigkeit gemein. Den Projektorten wiederum sind ihr Maßstab landschaftlicher Herausforderungen gemein sowie die Tatsache, dass die Profession der Landschaftsarchitektur an den in der Ausstellung gezeigten Orten bisher wenig präsent oder weitgehend abwesend ist. Die Ausstellung kann als ein Bericht verstanden werden, wie europäische Landschaftsarchitekten die Herausforderungen der Globalisierung ihrer Arbeitsfelder annehmen, wie sie in vielfältigen kulturellen Kontexten arbeiten – draußen –, mit wem und wie sie kooperieren und welches neue Wissen durch diese Kooperationen entstehen kann. Mit westlichem kolonialem Erbe im Gepäck, bedeutet dies auch, geschichtssensible Wege der Zusammenarbeit zu beschreiten.

Die gezeigten zehn Projekte befassen sich mit verschiedenen experimentellen Annäherungsversuchen auf verschiedenen Kontinenten. Im universitären Kontext entstanden, zeigen die Arbeiten, wie zeitgenössische Landschaftsarchitektur vorgeht, um die vielschichtigen, gewaltigen und nicht selten unlösbaren Probleme der jeweiligen Orte zu identifizieren und anzugehen.

Die einzelnen Projekte setzen dem vertrauten Bild des kreativ Schaffenden, der sich in forscher Weise einer Problemstellung nähert und mittels seines individuellen Entwurfsansatzes Lösungen anbietet, ein Konzept des Erforschens von Zusammenhängen und Wechselwirkungen sowie des Identifizierens von Ansatzpunkten für räumliche Interventionen entgegen. Dies führt zu Konzepten, bei denen die Prozesse und Akteure die Inhalte bestimmen, und nicht umgekehrt die gesetzten Inhalte die Prozesse. Eine solche Herangehensweise riskiert es bewusst offen zu enden und verabschiedet sich von der Vorstellung, vollkommene Lösungen anzubieten.

Dies mag ungewöhnlich sein für eine Zunft, die ihr Einkommen traditionell damit bestreitet, konkrete Lösungen zu entwickeln und baulich umzusetzen. Um dem Automatismus der fachlichen und kulturellen Konditionierung zu entkommen, treten die Autoren einen Schritt zurück und eignen sich Werkzeuge aus benachbarten Disziplinen wie der Ethnografie, Anthropologie oder Geografie an. Sie arbeiten in interdisziplinären Teams mit Geologen, Klimatologen, Soziologen, Wasserwirtschaflern, Agrarwissenschaftlern, Verkehrsplanern und Ökonomen, um integrierte Lösungen zu entwickeln, die das Wissen verschiedener Fachdisziplinen neu verbinden. Sie entwickeln Lösungsansätze mit den Akteuren vor Ort. Die einzelnen Projekte suchen unterschiedliche Zugänge, um die jeweiligen Verknüpfungen von Stadt und Landschaft zu erkunden, setzen situationsbedingt unterschiedliche Prioritäten und beschäftigen sich mit denkbaren Formen zukünftiger Koexistenz.

In Casablanca und Kigali ist der Fokus jeweils auf die sich urbanisierende Region als Ganzes gerichtet. Eine wachsende Sensibilisierung für die Frage, wie die Stadt mit Nahrung versorgt wird, eröffnet neue Sichtweisen auf die urbanen Landschaften. Ihre produktive Seite wird zum Ausgangspunkt, um über zukünftige Produktionsketten nachzudenken und eine stärkere Verknüpfung von Stoffströmen zwischen der urbanen und der ruralen Sphäre über neue Akteursnetzwerke konkret zu initiieren.

Klimawandel und schnelle Urbanisierung führen weltweit zu zunehmender Knappheit von Wasserressourcen und der Verschmutzung natürlicher Gewässer. Changde und Lima sind Referenzstädte, in denen anhand der Wasserkreisläufe aufgezeigt wird, wie Strategien eines produktiven Zusammenspiels zwischen natürlichen Ökosystemen, technischer Infrastruktur und menschlichen Lebensweisen angepasst an die lokalen naturräumlichen Bedingungen und den jeweiligen kulturellen Kontext entwickelt und implementiert werden.

Die gezeigten Projekte in Medellín und São Paulo setzen sich mit Naturrisiken wie Erdrutschen und Überflutungen auseinander, die – befördert von der fortschreitenden Erderwärmung – hauptsächlich die niedrigsten Einkommensschichten der globalen Urbanisierung betrifft. Anhand konkreter Beispiele wird die Möglichkeit eruiert, ob durch die gemeinsame Bedrohung kollaborative Landschaftsstrategien entwickelt werden können, die den Betroffenen eine Verbesserung ihrer gesamten Lebenssituation bieten.

Die Cañada Real Galiana am Stadtrand Madrids und die neu entstandene Stadt Canaan in der Nähe von Port-au-Prince (Haiti) zeichnen sich als informelle Siedlungserscheinungen aus, die es zunächst zu verstehen gilt, um dann mit partizipativen Ansätzen Lösungsstrategien für diese Orte zu entwerfen. Dabei spielen Themen der Kulturlandschaft Cañada Real Galiana im Falle Madrids ebenso eine Rolle wie das Erfassen der Naturgefahren in Canaan. Die Zusammenarbeit in diesen Projekten mit Ethnologen, Geologen und Hydrologen ist eine zentrale Herangehensweise.

Die Projekte in Jakarta und Bali folgen der Idee analytischer Forschungsreisen, die der Erkundung und Dekodierung von Wirkungszusammenhängen zwischen Urbanisierungsschub und Landschaftsoriginal gewidmet sind. Verstanden werden sie als erste Stufe einer langfristigen Problemlösung – denn an diesen Orten erweisen sich kurzfristige und kurzatmige Entwurfsfantasien als absurd.

Allen zehn Projekten ist gemein, dass sie auf der Suche sind und keine Endgültigkeit beanspruchen. In den komplexen und unberechenbaren Situationen rasanter Urbanisierung unterschiedlichster Kulturkreise und Geografien gibt es keine Patentrezepte oder Best Practices. Wie Frauke Kraas in ihren Vorträgen wiederholt zum Ausdruck gebracht hat, kann nur ein tiefgründiges und breites Kontextverständnis zu orts- und kulturspezifischen Entwicklungsmöglichkeiten führen. Als Vertreter einer »schmutzigen« Disziplin, die im Sinne von Bruno Latour die Trennung zwischen Sozial-, Ingenieur- und Naturwissenschaften nicht vollzogen hat, sondern mit räumlicher Transformation verknüpft, hoffen wir, durch unsere Projektinhalte und Arbeitsweisen zu einer Wissensproduktion beizutragen, die die engen Grenzen der Disziplinen und mit ihr traditionelle Zuordnungen von Stadt und Landschaft, von Kultur und Natur überwindet und übergreifende Lösungsansätze möglich macht.

# John Beardsley

# Vom Rand hinein

Landschaftsarchitektur und extremer Urbanismus

Unter Entwerfern und Planern ist es mittlerweile allgemein anerkannt, dass wir in einem urbanen Zeitalter leben, in dem mehr als die Hälfte der Weltbevölkerung in Städten wohnt – ein Prozentsatz, der mit Sicherheit noch anwachsen wird. Es herrscht ebenso weithin Einigkeit darüber, dass ein bedeutender Anteil der Stadtbewohner auf der ganzen Welt – ungefähr ein Drittel – unter äußerst schlechten Bedingungen haust. Aktuelle Schätzungen der Vereinten Nationen gehen davon aus, dass nahezu eine Milliarde Menschen, vor allem in den Entwicklungsländern des globalen Südens, in Verhältnissen leben, die der klassischen Definition von Slums entsprechen und die durch Überbevölkerung, unsichere Wohnverhältnisse, unzureichenden Zugang zu sauberem Trinkwasser und sanitären Einrichtungen sowie durch unklare Grundbesitzverhältnisse gekennzeichnet sind. Viele wohnen in informellen Siedlungen, die vielfach als Elendsviertel oder Barackensiedlungen gelten können, oftmals unter verheerenden Umweltbedingungen – an steilen Böschungen, in Überschwemmungsgebieten oder an kontaminierten Standorten – und fernab von Beschäftigungsmöglichkeiten und Verkehrsinfrastruktur. Formale Planungs- und Entwurfsprozesse können mit der Nachfrage nach urbaner Entwicklung oft nicht Schritt halten, besonders in größeren Städten von Entwicklungsländern, was tiefgreifende Konsequenzen für die Umwelt nach sich zieht. So kann in Entwicklungsländern ein verstärkter Abfluss von Niederschlagswasser zu Überflutung und Hangrutschungen in Siedlungen führen. Dazu kommt der durch den Klimawandel verstärkte Einfluss von Naturgewalten, seien es nun Hurrikans, Taifune oder der Anstieg des Meeresspiegels, was die Umweltbedingungen urbaner Gebiete, speziell an der Küste, fast unvorstellbar komplex macht.

In den vergangenen Jahren haben Planungs- und Entwicklungsagenturen, NGOs und Entwerfer ihre Aufmerksamkeit mit einigem Erfolg den sich abzeichnenden Problemen urbaner Landschaften zugewandt. Medellín in Kolumbien und São Paulo in Brasilien fanden beide Anerkennung für ihre Bemühungen, die Lebensbedingungen der Einwohner mit niedrigerem Einkommen mittels Initiativen zu verbessern, die informellen oder illegalen Siedlungen den Zugang zu Wasser, sanitären Einrichtungen und Verkehrsinfrastruktur eröffnen. Diese Projekte verdeutlichen, dass die vorherrschenden Strategien von Kommunalbehörden, Planern und Designern für solche »informellen« Siedlungen nun nicht mehr in einer groß angelegten Beseitigung und Umsiedlung von Slums bestehen, die zu massiven sozialen Brüchen führten und die für die Stadtplanung der Moderne typisch waren. Stattdessen setzt man nun auf Aufwertungen und Verbesserungen vor Ort, mit dem Ziel, diese einkommensschwachen Gemeinden in ihren größeren urbanen Kontext zu integrieren.

Das Ausmaß an städtischen Umweltproblemen übersteigt jedoch weiterhin das Ausmaß an Lösungsansätzen, die durch kommunale Budgets und konventionelle Planungs- und Gestaltungsstrategien ermöglicht werden. Als Reaktion haben sowohl Praktiker als auch Theoretiker in den Entwurfsdisziplinen ihre individuellen Energien in die Analyse urbaner Landschaftsbedingungen und die Formulierung von Strategien zu deren Bewältigung gesteckt. Urban Think Tank, ein 1998 in Caracas gegründetes Designstudio, und Estudio Teddy Cruz, ein experimentelles Büro für Sozial- und Raumforschung mit Sitz in San Diego sind Beispiele auf dem amerikanischen Kontinent für ein weltweit zunehmend verbreitetes Phänomen: Experten, die die Probleme fortschreitender Urbanisierung selbst angehen – entweder durch unternehmerisch-soziales Handeln oder, noch etwas seltener, durch die Schaffung von gemeinnützigen Forschungsbereichen innerhalb kommerzieller Planungsbüros.

Doch gerade im akademischen Bereich werden die komplexen Bedingungen von urbanen sozialen Konflikten, Umweltzerstörung und den Risiken, die der Klimawandel birgt, untersucht. Dies ist auch bei den in dieser Publikation präsentierten Beispielen der Fall. Sie stellt Projekte von fünf Design-Research-Teams vor, die vorwiegend von deutschen Wissenschaftlern an Universitäten in Deutschland und Australien angeführt werden, die jedoch die Herausforderungen extremer Landschaften in Städten auf der ganzen Welt untersuchen, darunter Madrid, Casablanca, Kigali, Port-au-Prince, Medellín, Lima, São Paulo, Changde und Jakarta. Das Bemerkenswerte an dieser Gruppe? Alle ihre Mitglieder stammen aus der Disziplin der Landschaftsarchitektur. Vor neun Jahren, als Christian Werthmann – einer der hier vertretenen Experten – und ich *Dirty Work* organisierten, eine Ausstellung für die Harvard Graduate School of Design zu den Versuchen, Umweltbedingungen in einkommensschwachen Stadtteilen in Lateinamerika zu verbessern, kamen all unsere Fallstudien entweder aus dem Bereich Architektur oder Stadtplanung und Städtebau – nicht jedoch aus der Landschaftsarchitektur. Heute haben sich die Themen der Umweltgerechtigkeit und der sozialen Ungerechtigkeit in den sich entwickelnden Städten ins Zentrum der Landschaftsdesignpraxis bewegt, vor allem im Kontext wissenschaftlicher Forschung.

Betrachtet man das Spektrum dieser Arbeit, dann lassen sich einige allgemeingültige Punkte festmachen. All diese Landschaftsexperten erkennen die Landschaft – vielleicht wenig überraschend – als etwas an, das sowohl physische als auch kulturelle Dimensionen aufweist, als ein Mosaik unterschiedlicher, komplexer, miteinander verwobener und oft fragmentierter Nutzungen. Alle gehen die Probleme

der Stadt auf Landschaftsebene an.
Der Umgang mit Niederschlagswasser, die Abwasser- und Abfallentsorgung, Bodenabsenkung, Erdrutsche sowie die Nahrungsmittelproduktion und -sicherheit stellen keine isolierten Herausforderungen dar, sondern miteinander verbundene Phänomene, die auf Ebene der Stadt angegangen werden müssen. Diese Herausforderungen verlangen jedoch oftmals nach einem stufenweisen Ad-hoc-Ansatz und dem Einsatz experimenteller Lösungen, die, wenn sie funktionieren, auf das gesamte System ausgeweitet werden können. Auch neue Paradigmen der Designforschung werden hier deutlich: Das Ausmaß umweltpolitischer Herausforderungen in der Stadt verlangt nach vermehrter Zusammenarbeit und mehr interdisziplinären Zugängen. Die hier vorgestellte Forschung ist ebenso sozial – sogar ethnografisch – wie auch ökologisch oder historisch. Während einige dieser Projekte etablierte städtische Akteure infrage stellen oder sogar völlig ablehnen, zeigt doch jedes von ihnen die große Bandbreite von Beteiligten und konkurrierenden Interessen in der heutigen Stadt auf. Die meisten der Designer sind recht deutlich, wenn es um die Bemühungen geht, ihre Studienobjekte miteinzubeziehen und ihnen die Teilnahme an der Designforschung und -entwicklung zu erleichtern, um so von oben aufoktroyierte Vorschläge zu vermeiden. In einigen Fällen – wie zum Beispiel in Medellín – basieren die vorgeschlagenen Szenarien auf dem gemeinsamen Verständnis von Vorteilen anstatt auf Verboten bestimmter Aktionen oder Nutzungen. Insgesamt legen die hier vorgestellten Projekte nahe, dass ein kreativer Prozess – besonders einer, der lokale Narrative mittels Nachbarschaftsbeteiligung anerkennt und entwickelt – Designresultate erleichtern oder sogar inspirieren kann.

Die Tatsache, dass diese untersuchten Orte nicht präsentiert werden, als hätten sie keine Geschichte, sondern vielmehr im Kontext differenzierter kontextueller Forschung gesehen werden, ist aus Perspektive des Landschaftshistorikers wohl am erfreulichsten. Der zum Beispiel als »größter Slum Europas« beschriebene Standort außerhalb Madrids weist deshalb eine sich verdünnende lineare Form auf, da er sich auf dem Gebiet eines alten, per königlicher Verordnung festgehaltenen Wegerechts für Schaftreiber befindet. Die Reisfelder von Bali – in zunehmendem Maße durch den Abfluss ungereinigter Abwässer überschwemmt – werden als Ausdruck eines jahrhundertealten kooperativen, sozioreligiösen Systems der Wasserwirtschaft verstanden. Changde wiederum wird als »eine trockene Stadt in einer feuchten Landschaft« präsentiert, die einst als Teil eines hydraulischen Systems funktionierte, das heute größtenteils vernichtet ist.

Ebenso erfreulich ist das Engagement, das in diesen Projekten spürbar wird, wenn es darum geht, scheinbar nicht zu bewältigende Probleme zu lösen. Zudem geht dieses Engagement mit einem Maß an Optimismus und dem Gefühl einher, dass Landschaftslösungen sowohl soziale als auch ökologische Vorteile mit sich bringen können. Im Vorschlag für Casablanca beispielsweise wird Landwirtschaft nicht nur für ihre Funktion in der Nahrungsmittelproduktion und -sicherheit geschätzt, sondern auch aufgrund ihres klimakontrollierenden Effekts und für ihre Rolle in der Bildung und Beschäftigung. Im Fall Jakartas sind wir aufgefordert, unsere Vorstellungen zu überdenken und Überflutungen nicht als Katastrophe zu betrachten, sondern als Ausdruck jahreszeitlich wiederkehrender Ereignisse, und Katastrophen als Möglichkeiten zu begreifen, um unsere Belastbarkeit sowohl in unserem Denken als auch in unseren Handlungen unter Beweis zu stellen. Wir haben aber auch Grund, uns vor Optimismus zu hüten, wie er bei einigen der hier vorgestellten Herausforderungen angewandt wird: informeller Urbanismus, ob in Kigali oder Lima, gehört wohl zu den bedeutsamsten und potenziell zerstörerischsten Ausprägungen sozialer Konflikte und räumlicher Ungleichheit im 21. Jahrhundert. Und doch gibt es sogar hier Dinge, die wir abgesehen von einer Verbesserung der Infrastruktur auch noch tun können: Hangsicherung, Wiederaufforstung, Abwasserreinigung in Feuchtgebieten und die Nutzung von Regenwasser – wenn wir entweder den politischen Willen oder die wirtschaftlichen Ressourcen dazu mobilisieren können.

Es ist nun beinahe 50 Jahre her, seit Ian McHarg sein berühmtes Buch *Design with Nature* publiziert hat, das gewissermaßen das Erwachsenwerden der ökologischen Designbewegung kennzeichnete. McHarg beschrieb sein Werk als ein »ökologisches Handbuch für den guten Aufpasser, der nach Kunst strebt«. Rückblickend wirkt er mehr als Planer denn als Entwerfer, ein Analytiker, der alternative Szenarien für den Landschaftswandel ersann, kein Aufpasser, der nach Kunst strebte. Es blieb nachfolgenden Generationen von Landschaftsarchitekten vorbehalten, dieses Handbuch zu konkretisieren und ökologisches Bewusstsein mit umweltpolitischen Themen und Entwurfsansprüchen zu verbinden. Es sind die Früchte genau dieser Bemühungen, die hier vorgestellt werden.

# Jürgen Renn

# Auf den Baustellen des Anthropozäns

Die Menschheit hat den Planeten Erde in einem Ausmaß verändert, der geologischen Kräften vergleichbar ist. Es gibt fast keine natürliche Umwelt mehr. Die Menschheitsgeschichte hat sich in die Erdgeschichte eingeschrieben. Wissenschaftler diskutieren den Vorschlag, diese Umwälzung mit einem neuen Erdzeitalter, dem Anthropozän, zu verbinden, das schon jetzt tiefe Spuren auf unserem Planeten hinterlassen hat. Das Erdsystem insgesamt verändert sich auf eine Weise, für die es in der Erdgeschichte kaum Analogien gibt.

Das ist die globale Perspektive, die das Ergebnis wissenschaftlicher Untersuchungen der letzten Jahrzehnte ist, die zahlreiche Forschungen in eine umfassende Analyse des Erdsystems integriert haben. Die in diesem Katalog vorgestellten Arbeiten nehmen eine andere Perspektive ein. Sie sind hervorgegangen aus der Begegnung mit konkreten Herausforderungen, die sich an Brennpunkten dieses Transformationsprozesses stellen, den sich rasch ausdehnenden Megacitys, in denen Menschen versuchen, unter prekären Bedingungen ein menschenwürdiges Leben zu führen. Wollte man allerdings nur versuchen, diese Projekte in den größeren Kontext des Anthropozäns zu stellen, um sie daraus zu erklären, würde dies in entscheidender Hinsicht zu kurz greifen.

Im Zeitalter des Anthropozäns sind die Möglichkeiten der Steuerung globaler Prozesse durch menschliches Handeln umstritten. Einige schlagen globale Interventionen vor, sei es im Sinne eines Geo-Engineering, sei es im Sinne globaler Governance oder im Sinne einer Veränderung der globalen Wirtschaftsordnung. Viele weisen auf die Aussichtslosigkeit solcher Interventionen hin, andere sehen den weiteren Weg ins Anthropozän durch Systemzwänge vorgegeben. In den hier vorgestellten Projekten scheinen dagegen realistische Handlungsmöglichkeiten auf, welche die lokalen ebenso wie die globalen

Dimensionen des Anthropozäns betreffen. Vor diesem Hintergrund stellen sie einen wesentlichen Beitrag zum Anthropozändiskurs dar.

Die Lebensbedingungen der Menschheit sind prekärer als angenommen. Die Natur ist keine stabile Bühne, auf der sich das Leben der Menschen abspielt, sie nimmt am Drama teil. Sie ist auch keine unabhängige Variable, sondern Teil eines komplexen Systems, das auch durch menschliche Gesellschaften geformt wird. Das traditionelle Bezugssystem, in dem Natur und Kultur getrennt werden, passt nicht mehr. Menschliche Geschichte ist in einem doppelten Sinn Teil der Naturgeschichte geworden: Sie hat planetare Auswirkungen und folgt einer Logik, die nicht aus der Autonomie menschlichen Handelns zu denken ist.

Diese beiden Aspekte scheinen auf einen Kausalzusammenhang hinzudeuten, der allerdings kontrovers diskutiert wird. Zum einen wird behauptet, dass die Auswirkungen auf die Naturgeschichte nur möglich sind, weil menschliches Handeln nicht autonom, sondern bereits Teil einer Naturgeschichte der Dinge ist. Oder es wird umgekehrt behauptet, dass menschliches Handeln sich nur deshalb so fatal auf das Erdsystem auswirken konnte, weil es sich noch nicht zureichend aus dieser naturgeschichtlichen Abhängigkeit befreit hat. In dieser Auseinandersetzung hat ein uralter Gegensatz neue Gestalt angenommen: Dem Versuch, zu einem Bündnis mit den Schicksalsmächten zu gelangen – auch um den Preis der Selbstopferung – steht der Versuch gegenüber, diese Mächte menschlichem Wissen und Können endgültig zu unterwerfen.

In der Sprache des Anthropozäns ist das der Gegensatz zwischen einer sich zunehmend gegenüber menschlichem Handeln verselbstständigenden Technosphäre, zu der alle technischen Systeme und Infrastrukturen einschließlich der in sie eingespannten Menschen zählen, und einer noch nicht ausreichend von technischen, ökonomischen oder politischen Zwängen emanzipierten Anthroposphäre. In beiden Fällen geht es in erster Linie nicht um utopische Visionen, sondern um ein Verständnis der globalen Prozesse, in die die Menschheit verwickelt ist.

Während das Konzept der Anthroposphäre verwendet wird, um summarisch die komplexen sozialen Prozesse im Anthropozän zu erfassen, hat der Physiker Peter Haff für das Konzept der Technosphäre Regeln aufgestellt, die das Verhältnis zwischen menschlichem Handeln und dem globalen System, in das es eingebunden ist, näher bestimmen. Die erste »Regel der Unzugänglichkeit« besagt, dass die Technosphäre das Verhalten ihrer menschlichen »Komponenten« nicht direkt beeinflussen kann. Sie gehorcht vielmehr ihrer eigenen Logik, ohne Rücksicht auf ihre Bestandteile – ebenso wie ein Computernutzer nicht direkt auf die einzelnen Bauteile seines Rechners einwirkt. Die zweite »Regel der Machtlosigkeit« beschreibt umgekehrt das Unvermögen der meisten Menschen, das Verhalten großer technischer Systeme zu beeinflussen. Die dritte »Regel der Kontrolle« bezieht sich auf die Schwierigkeit von Menschen, technische Systeme zu kontrollieren, die ein größeres Verhaltensspektrum aufweisen als sie selbst. Die vierte »Regel der Reziprozität« stellt darüber hinaus fest, dass Menschen nur mit Systemen ihrer eigenen Größenordnung in effektive Wechselwirkung treten können. Die fünfte »Regel des Funktionierens« beschreibt die Zwänge, unter denen Menschen stehen, die Technosphäre aufrechtzuerhalten, während die sechste »Regel der Versorgung« umgekehrt festhält, dass die Technosphäre ihrerseits das Funktionieren von Menschen als Bestandteilen des Systems garantieren muss. Trifft diese Analyse für die Gegenwart oder die nahe Zukunft zu, gibt es wenig Möglichkeiten, dieser Logik zu entrinnen, in der Menschen zunehmend zu untergeordneten Elementen eines globalen Transformationsprozesses werden.

Die hier vorgestellten Projekte und Erfahrungen sprechen eine andere Sprache. Obwohl in allen die Spuren des Anthropozäns deutlich lesbar sind, zeugen sie zugleich von den Möglichkeiten, dieser Logik Widerstand zu leisten und Transformationsprozesse zu gestalten. Menschen machen immer noch ihre eigene Geschichte, wenn auch nicht freiwillig und unter selbst gewählten Umständen. Die Marx'sche Einsicht gewinnt allerdings unter den Bedingungen des Anthropozäns an neuer Brisanz, da die Handlungsspielräume angesichts planetarer Grenzen zunehmend schrumpfen. Beide Aspekte – den der bedingten Gestaltbarkeit und den der Endlichkeit unserer Welt – lassen sich im Begriff der »Ergosphäre«, also der Sphäre der menschlichen Werke und Arbeit mit all ihrer Ambivalenz, fassen, für die sich ebenfalls Regeln aufstellen lassen.

Im Gegensatz zur Technosphäre gilt für die Ergosphäre die erste »Regel der Zugänglichkeit«. Im Unterschied zu den Schaltkreisen eines Computers sind wir Menschen im Prinzip in der Lage, die übergeordnete Logik zu verstehen, in die wir durch die Dynamik des Erdsystems eingebunden sind. Das Ganze dieser Veränderung spiegelt sich – freilich über vielfältige Vermittlungen – im menschlichen Wissen, das zugleich ein globales Handlungspotenzial darstellt.

Die zweite »Regel des eingreifenden Denkens« besagt, dass wir dieses Wissen auch in scheinbar ausweglosen Situationen nutzen können, um Veränderungen zu gestalten. Durch den Klimawandel und die fortschreitende Urbanisierung sind immer mehr Menschen der Gefahr von Erdrutschen ausgesetzt. Maßnahmen der »Modernisierung«, die den Verhältnissen eine Rationalität von oben diktieren, erweisen sich als kontraproduktiv. Wie das Beispiel der informellen Besiedlung der Steilhänge von Medellín zeigt, lassen sich die damit verbundenen Gefahren eher meistern, wenn die Betroffenen in die Lage versetzt werden, das für sie relevante Wissen mit ihren eigenen Interessen, Erfahrungen und lokalen Handlungsmöglichkeiten zu verbinden. Das Ergebnis ist kein Universalrezept, sondern eine differenzierte Kombination von globalem und lokalem Wissen.

Die dritte »Regel der Exploration und Anpassung« besagt, dass das Problem nicht darin besteht, dass Menschen keine Systeme kontrollieren können, die ein größeres Verhaltensspektrum aufweisen als sie selbst, sondern darin, was überhaupt »Kontrolle« bedeuten kann. Wenn es Menschen gelingt, das ökologische System, dessen Teil sie sind, durch Exploration seiner Potenziale zureichend zu erkennen und sich flexibel anzupassen, haben sie jedenfalls eine Chance, darin zu überleben, auch wenn dieses System selbst rapiden Veränderungen unterworfen ist. Wie das Beispiel Jakarta zeigt, ist das in erster Linie eine Frage der realistischen Einschätzung lokaler Handlungsmöglichkeiten, die zunehmend durch den globalen Klimawandel bestimmt werden, ebenso wie durch das ungebremste Wachstum der Stadt und ihr allmähliches Versinken im Wasser. Auch im Falle der nördlich von Port-au-Prince ungeplant wachsenden neuen Stadt Canaan mit ihren unwirtlichen Lebensbedingungen erweisen sich die kooperative Erarbeitung und Vermittlung von Wissen sowie das Erkennen von lokalen Anpassungsmöglichkeiten als entscheidende Voraussetzungen, um mit drohenden Naturkatastrophen wie Überflutungen umgehen zu können.

Die vierte »Regel der Kopplungen und Schnittstellen« nimmt die nichtlinearen Wechselwirkungen zwischen der Ergosphäre und den anderen Erdsphären in den Blick. Aufgrund dieser Kopplungen können menschliche Einflüsse zu katastrophalen Instabilitäten des Erdsystems führen. Andererseits können Menschen durch die Schaffung geeigneter Schnittstellen solche Kreisläufe auch stabilisieren, wie das Beispiel eines Projekts für Grand Casablanca zeigt: Dieses fasst eine räumliche Verschränkung von urbanen und landwirtschaftlichen Strukturen ins Auge, welche nicht nur das Klima günstig beeinflussen, sondern auch einen Beitrag zur Versorgung der Stadtbewohner leisten würde. Immer wieder kommt es dabei auf die Spezifika lokaler Gegebenheiten an, wie das Beispiel der Sümpfe von Kigali, der Hauptstadt Ruandas, zeigt, die durch eine urban integrierte landwirtschaftliche Nutzung eine ähnliche Chance für neuartige Verknüpfungen zwischen Stoffströmen und ein verbessertes Ressourcenmanagement bietet.

Die fünfte »Regel des Umfunktionierens« weist auf eine andere Eigenheit der Ergosphäre hin, die Tatsache, dass sich die von Menschen eingesetzten Mittel auch jenseits ihrer ursprünglichen Zwecke verwenden lassen. Diese Erkenntnis ist zweischneidig: einerseits begrenzt sie die Zwanghaftigkeit von Technologie und eröffnet Chancen der Innovation, andererseits verlangt sie, immer aufs Neue die Verantwortung für den Einsatz technischer Systeme zu übernehmen. Zwei Beispiele aus diesem Band belegen diese Ambivalenz. In Bali gibt es seit alter Zeit ein ausgeklügeltes, gemeinschaftlich betriebenes Bewässerungssystem für die Versorgung von Reisfeldterrassen. Auf der Insel leben 4,3 Millionen Menschen, zusätzlich wird sie jährlich von ca. 8 Millionen Touristen besucht. Dies hat dazu geführt, dass das traditionelle Bewässerungssystem zunehmend zur Kloake umfunktioniert wurde. Umgekehrt lassen sich möglicherweise die akuten Wasserversorgungsprobleme der peruanischen Hauptstadt Lima zum Teil durch ein Umfunktionieren existierender Abwasserkanäle lösen, sodass diese, statt direkt ins Meer oder in Flüsse zu führen, neuartige Parks versorgen, die ihrerseits zur Reinigung des Abwassers beitragen. Ähnliche Überlegungen stehen hinter der Idee chinesischer *Schwammstädte*.

Die sechste und letzte »Regel der Offenheit« besagt, dass die Ergosphäre im Gegensatz zur Technosphäre keine Versorgungsgarantien ihrer menschlichen Akteure einschließt. Wir können keineswegs davon ausgehen, dass die technischen Systeme, die wir konstruiert haben, auch in Zukunft unser Überleben sichern werden, wenn wir nicht bereit sind, sie immer wieder aufs Neue umzubauen. Den Ausgangspunkt dafür bilden Einsichten in die unbeabsichtigten Folgen unseres Handelns, die wir offenlegen müssen, wenn sie Rückwirkungen auf unser Denken und Handeln haben sollen. Ein Beispiel hierfür ist der Vorschlag, den im Zuge der Industrialisierung einbetonierten Fluss Tamanduateí, der übelriechend und unzugänglich als flüssiger Mittelstreifen einer Schnellstraße in São Paulo dahinfließt, wieder offen zugänglich zu machen, um das Problem mangelnder Erholungsflächen in einer Megacity zu einem öffentlichen Problem werden zu lassen.

In allen der hier verhandelten Projekte spielen darüber hinaus weitreichende historische Erfahrungen eine Rolle, ob es sich um das hydraulische Erbe Chinas oder uralte Viehtriften in Spanien handelt, die Gestaltungspotenziale auch für die Auseinandersetzung mit heutigen Herausforderungen bieten. Auch das unterscheidet die Ergosphäre von der Technosphäre: Sie stellt uns nicht vor die falsche Alternative, uns der Eigendynamik globaler Systeme auszuliefern oder diese von Grund auf neu zu planen. Sie lädt uns vielmehr dazu ein, uns als Teil eines koevolutionären Prozesses zu begreifen, in dem unsere Handlungsmöglichkeiten auch von dem Wissen abhängen, das wir über diesen Prozess erlangen können.

Undine Giseke,
Kathrin Wieck,
Christoph Kasper

# Casablanca

## 1 Casablanca, Marokko
## Die Felder – das verborgene Gesicht der Stadt

Fährt man vom Hafen Casablancas die Küste entlang nach Südwesten, erreicht man nach 25 Kilometern Dar Bouazza, einen kleinen Küstenort am Atlantik, der gerne für einen Badeausflug aufgesucht wird. Auf dem Weg dahin passiert man die neu errichtete Marina, die Große Moschee, das Areal mit dem Leuchtturm und den Nobelrestaurants, die Corniche, die riesige Morocco Mall. Irgendwann endet die weiße Stadt mit ihrem kompakten Stadtkörper abrupt und Felder breiten sich aus. In lang gezogenen Parzellen verlaufen sie hangabwärts zum Atlantik. Doch die Unterbrechung währt nur kurz. Schon bald führt die Straße wieder durch vier- bis fünfgeschossige Neubausiedlungen, im Wechsel mit dichten informellen Siedlungen und erneut unterbrochen von linearen Feldstrukturen, diesmal parallel zur Küstenlinie. Nähert man sich Dar Bouazza, ändert sich das Bild noch einmal. Hier ergeben informelle Siedlungssplitter, Gewerbecluster, luxuriöse Einfamilienhäuser und Felder ein kleinteiliges Patchwork. Ähnliche Raumfolgen nimmt man wahr, wenn man Grand Casablanca, die Stadtregion, auf den südlichen und östlichen Ausfallstraßen verlässt. Doch trifft man hier schon bald auf weitere urbane Kerne wie Tet Melill, Bouskoura, Mediouna, die Flughafenstadt oder die angrenzende Küstenstadt Mohammedia.

Welchen Regeln folgt die Entwicklung derartiger Raumstrukturen? Was davon ist das Ergebnis von Planung, was hingegen das Ergebnis ungesteuerter Prozesse? Welche Strukturen sind als ein Übergangsstadium zu sehen, welche stellen sich als ein dauerhaftes Phänomen dar, und wie entwickeln sie sich zukünftig weiter? Mit diesen Fragen hat sich ein neunjähriges Forschungsprojekt (2005–2014) im Rahmen des Förderprogramms »Future Megacities« des Bundesministeriums für Bildung und Forschung (BMBF) zunächst analytisch, dann konzeptionell und konkret testend beschäftigt (Giseke u. a. 2015).

▲ Ouled Ahmed: die Überlappung urbaner und ruraler Praktiken im Alltag, 2015

Vor Ort wurden die Rahmenbedingungen der Stadtentwicklung, der Landwirtschaft, der Klimasituation, der Infrastrukturversorgung und der Governance-Bedingungen erfasst. Dabei zeigte sich in einer retrospektiven Analyse der Stadtentwicklung, dass die Urbanisierung von Casablanca in den letzten Jahren zu einer polyzentralen und fragmentierten Entwicklung der Stadtregion tendiert, die zu vielfältigen Verwebungen von urbanen und ruralen Strukturen führt. Häufig wird dies lediglich als ein Übergangszustand angesehen, der bei weiterer Urbanisierung überwunden sein wird. Unterschiedliche Analysen, Szenarien und Modellierungen machten jedoch deutlich, dass die Ausbildung einer kohärenten baulich geprägten Struktur in der gesamten Stadtregion trotz weiterer Urbanisierung nicht zu erwarten ist. Grand Casablanca wächst rapide. Im Jahr 2004 lebten auf 23 600 Hektar urbanisierter Fläche 3,63 Millionen Einwohner, ein Jahrzehnt später waren es bereits 4,27 Millionen. Spätestens bis 2030 wird das Überschreiten der 5-Millionen-Grenze erwartet. Bis dahin sollen – nach dem Flächennutzungsplan von 2008 – weitere 23 000 Hektar Fläche der insgesamt 120 000 Hektar umfassenden Stadtregion bebaut werden. Selbst dann verbleiben jedoch noch mehr als 55 000 Hektar landwirtschaftliche Fläche in der Stadtregion (AUC 2008). Doch es geht nicht um die absoluten Zahlen, sondern um Größenordnungen. Landwirtschaft wird auf absehbare Zeit ein Riese in der regionalen Flächennutzung bleiben, für den es keine angemessenen Entwicklungskonzepte gibt. Obwohl Grand Casablanca im Vergleich mit anderen Megastädten ein Planungssystem auf mehreren Ebenen hat und der aktuelle Flächennutzungsplan einen Erhalt landwirtschaftlicher Flächen erstmals thematisiert, wird der Umgang mit seinen Feldern nicht entsprechend operationalisiert. Pläne, Programme und politische Richtlinien zwischen Stadt und Landwirtschaft korrespondieren nicht. Vorstellungen für eine Freiraumplanung existieren ebenfalls nicht. Das Resultat aus allem ist eine inkohärente Stadtentwicklung, die der (integrierten) Planung ausweicht und den Wert der landschaftlichen und landwirtschaftlichen Flächen für die Stadt nicht erkennt. Der Flächenriese Landwirtschaft bleibt ein Zwerg in Bezug auf seine Funktion und mögliche Strahlkraft für die Stadtregion.

An diesem Problemfeld setzte das Forschungsprojekt an. Untersucht wurde, welche Rolle die Landwirtschaft in der zukünftigen Stadtregion spielen könnte und ob sich eine dichtere Interaktion zwischen den urbanen und ruralen Strukturen entwickeln ließe.

Drei Themenfelder haben sich dabei vor dem Hintergrund aktueller Urbanisierungsherausforderungen als zentral herauskristallisiert:

1

Landwirtschaft als der grüne Komplementärraum in der Stadtregion kann durch seine morphologischen Verknüpfungen auf verschiedenen Maßstabsebenen zu einer klimaoptimierten Stadtentwicklung beitragen. Das machten die Analysen und Modellierungen der Klimaexperten deutlich. Grand Casablanca ist von einem ariden Klima geprägt. Während die historische, zum Meer hin orientierte Stadt trotz hoher baulicher Dichten von der Kühlung durch Atlantikwinde profitiert, droht in dem sich immer weiter ausdehnenden heißtrockenen Hinterland die Ausbildung von extremen Hitzeinseln. Eine räumliche Verschränkung von urbanen und landwirtschaftlichen Strukturen würde die Oberflächenrauigkeit erhöhen und könnte kühlende Binnenzirkulationen stimulieren.

▲ Stadt und Landwirtschaft in der sich urbanisierenden Region Grand Casablanca, 2015

▲ Schnelles Wachstum und Dichte im historischen Stadtkern Casablancas, 2015

▲ Entkoppelte urban-rurale Landnutzungsstrukturen in Grand Casablanca, 2010

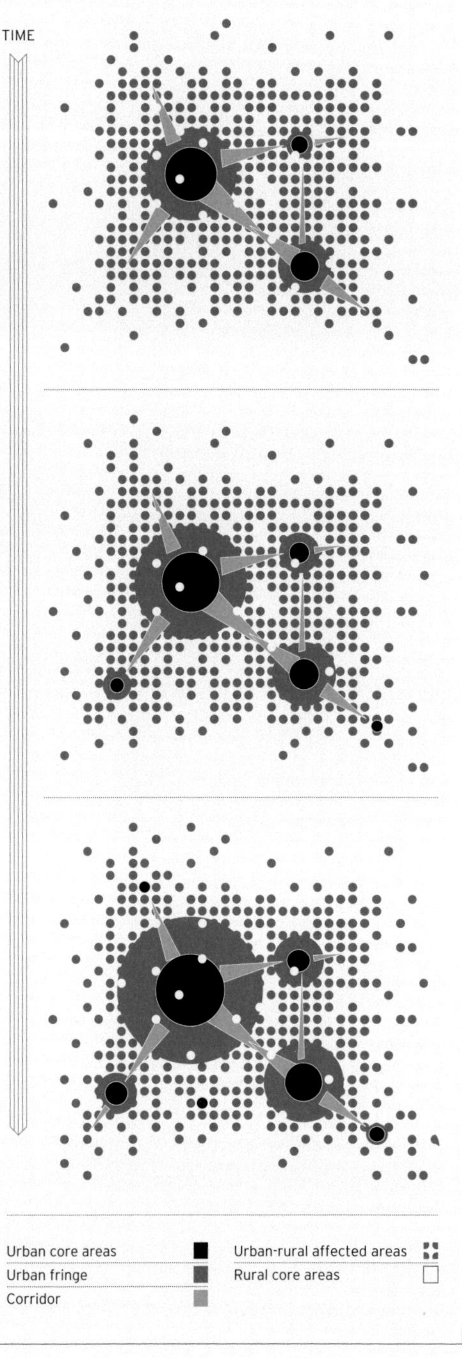


▲ Die Permanenz der Verknüpfung von urbanen und ruralen Sphären in polyzentralen Stadtregionen

2

In der Stadtentwicklung bisher wenig beachtet ist zudem ein weiterer Aspekt: Urban integrierte Landwirtschaft kann elementare Beiträge zur Versorgung der Stadtbewohner leisten. Lange war Ernährung als Bedürfnisfeld der Stadt ausgeblendet und planerisch ein blinder Fleck. Der Grund liegt in dem historisch gewachsenen Dualismus von Stadt und Land und der Entkopplung zwischen Nahrungsmittelproduktion, die dem ländlichen Raum und der Agrarwirtschaft zugeordnet wurde (und noch wird), und der Stadt als Ort der privaten Nahrungsmittelkonsumption. Die Anforderungen, um die weltweit wachsenden urbanen Systeme zu ernähren, sind gewaltig. Ihre starke Verwundbarkeit bei einer immer weiter zunehmenden Abhängigkeit vom Weltagrarmarkt, führt dazu, die Eigenkompetenz von Städten und Stadtregionen in Sachen Nahrungsmittelproduktion verstärkt ins Blickfeld zu rücken. Wie kann die urban integrierte Landwirtschaft zu einer tragenden Säule im stadtregionalen Nahrungssystem werden und einen Beitrag zur Nahrungssicherheit sowie zur Nahrungssouveränität der Stadtregion leisten? Unsere Szenarien zeigen, dass bei einer Erhöhung des Anteils der Bewässerungslandwirtschaft bis zu 50 % des Obst- und Gemüsebedarfs durch die Stadtregion selbst gedeckt werden könnte.

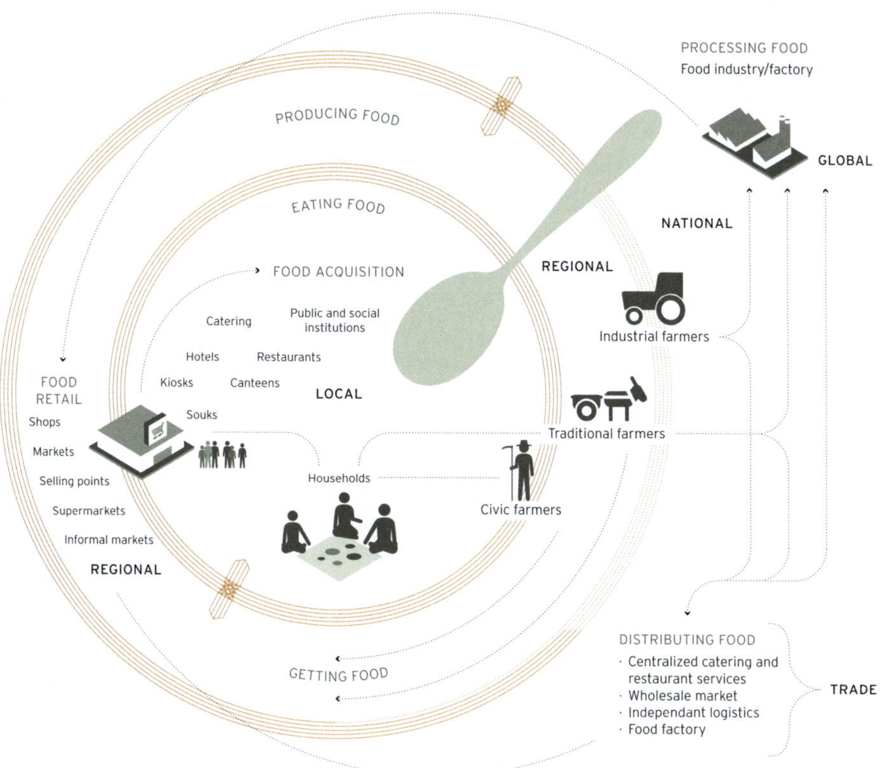


▲ Soziale, ökonomische und räumliche Verknüpfungen des urbanen Nahrungssystems

3

Wenn wir Stadt und Landwirtschaft als interagierende Systeme denken, welche Optionen für die Organisation und Verknüpfung von Stoffkreisläufen ergeben sich daraus? Wie können die verschiedenen Stoffflüsse in der Stadtregion – Nahrung, Wasser, Energie, Abfall – miteinander verkoppelt und integriert organisiert werden? Im konkreten Fall von Grand Casablanca bestand ein besonderes Zeitfenster, die urbanen und ruralen Wasserregime zu verknüpfen, da sich die gesamte Infrastruktur für die Wasserentsorgung und -aufbereitung erst im Aufbau befand und noch befindet. Nachdem das Abwasser bislang weitgehend ungereinigt in den Atlantik abgeleitet wurde, entstanden in den letzten Jahren erste Kläranlagen. Mit ihnen bietet sich die Möglichkeit, gereinigtes Stadtwasser in der Landwirtschaft einzusetzen und durch einen systemischen Ansatz den Anteil der Bewässerungslandwirtschaft deutlich zu erhöhen. Landwirtschaft wird damit auch ökonomisch für die vielen Kleinbauern der Region attraktiver.

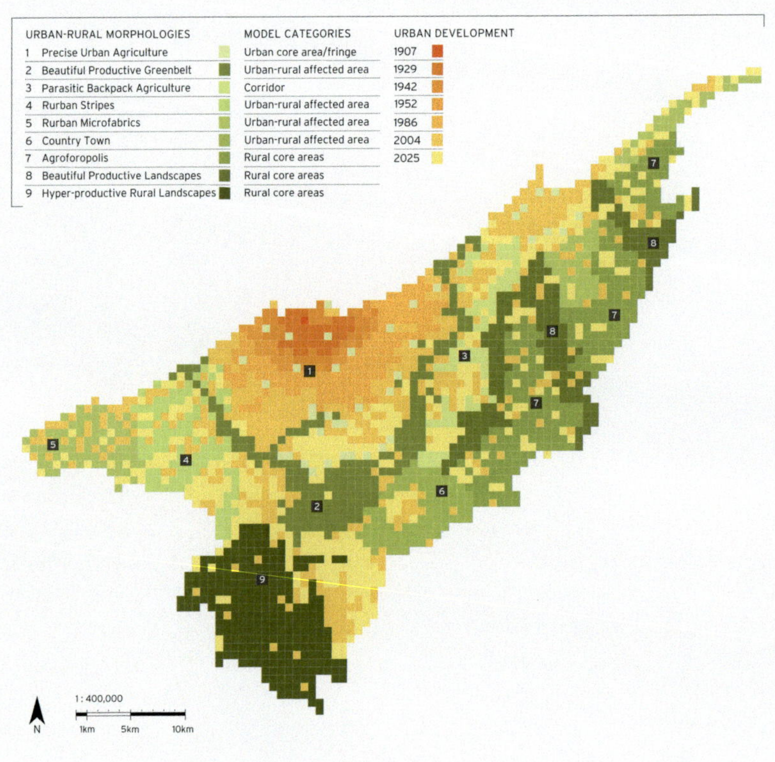


Die mögliche Ausbildung von unterschiedlichen urban-ruralen Morphologien in der gesamten Stadtregion

In einer solch breiten, themenübergreifenden Forschungskonstruktion waren einige Hürden zu bewältigen. Diese lagen zunächst einmal darin, dass es für das Zusammenführen der urbanen und der ruralen Sphäre einer Stadtregion keine theoretischen Grundlagen und urbanistischen Konzepte gibt, die auf die heutigen Rahmenbedingungen von urbanen Wachstumszentren des globalen Südens zugeschnitten sind. Viele bestehende Modelle sind auf einzelne Funktionen oder auf monozentrische Strukturen ausgerichtet. Urbane Konzepte, die Ströme und Austauschprozesse berücksichtigen und verräumlichen, bestehen nur ansatzweise. Klassische städtebauliche Konzepte wie das Gartenstadt-Modell von Ebenezer Howard, *Broadacre City* von Frank Lloyd Wright oder *Agricultural City* von Kisho Kurokawa sind normative Konzepte eines konzipierten Raumes. Sie sind nicht mehr geeignet, angemessene Antworten zu geben auf die generativen Prozesse der Raumproduktion, die Begrenztheit von Planungshandeln, das Integrieren von Top-down- und Bottom-up-Aktivitäten und damit die Vielzahl von Akteuren und Interessenslagen in heutigen Urbanisierungsprozessen.

Neun urban-rurale Morphologien als Kategorien räumlich-systemischer Verknüpfungen

1 Precise Urban Agriculture

2 Beautiful Productive Greenbelt

3 Parasitic Backpack Agriculture

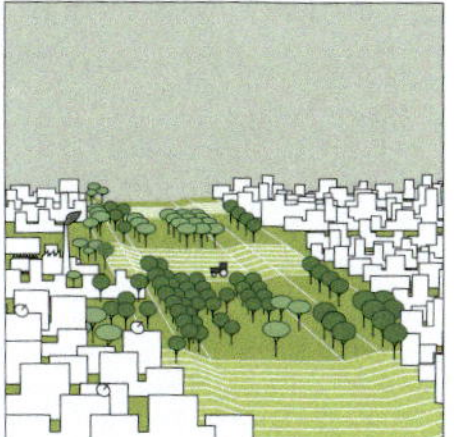
4 Rurban stripes

5 Rurban Microfabrics

6 Country Town

7 Agroforopolis

8 Beautiful Productive Landscapes

9 Hyper-productive Rural Landscapes

Um die bisher als getrennt und unvereinbar angesehenen Sphären in eine Interaktion zu bringen, war es bei allen Beteiligten nötig, alte kategoriale Zuordnungen von Stadt und Land zu verlassen, denn nur so wurden veränderte Entwicklungsoptionen vorstellbar. Grundlage für das Anstoßen dieser vielschichtigen Prozesse war das gemeinsame Entwickeln von Zielen und Visionen jenseits disziplinärer Grenzen, das sich in verschiedenen Formaten wie Planungswerkstätten oder in der gemeinsamen Entwicklung von Szenarien vollzog. Als Ergebnis dieses Prozesses entstand eine mehrdimensionale Strategie mit unterschiedlichen Konzeptbausteinen, in denen vielfältige räumliche und funktionale Verknüpfungen sowie neue sozioökonomische Kooperationen zwischen den beiden Sphären aufgezeigt wurden. Landwirtschaft wird so zum Co-Produzenten des Urbanen, die Stadt aber auch zum Co-Produzenten des Ruralen. Der Ansatz zielt auf eine teilweise Re-Territorialisierung von Austauschprozessen im Maßstab der Stadtregion. Landwirtschaft wird zu einer produktiven grünen Infrastruktur für die Stadtregion, von der die Stadt profitiert. Zugleich profitiert die Landwirtschaft von den nahen Märkten mit ihren immensen Bedarfen an landwirtschaftlichen Produkten und einer kontinuierlichen Bereitstellung urbaner Ressourcen wie gereinigtem Stadtwasser oder Bioabfall.

Das Konzept zur Stärkung dieser Kooperationsebenen wurde als inkrementalistischer Ansatz entwickelt, der – einem pragmatischen Urbanismus folgend – eine Vielzahl von parallelen Handlungsoptionen offeriert. Im zentralen räumlich-morphologischen Baustein wird die Stadtregion als eine durchgängige Überlagerung urbaner und ruraler Strukturen konzipiert, natürlich mit sehr unterschiedlichen physischen Ausprägungen in Körnigkeit und Dichte in Abhängigkeit von der jeweiligen Ausgangssituation. Die unterschiedlichen urban-ruralen Morphologien reichen von landwirtschaftlichen Mikroflächen wie Dachterrassen und Gemeinschaftsgärten in dichten Stadtquartieren bis hin zu produktiven Parks in Form von Grüngürteln oder grünen Bändern, welche die Stadt und ihre Quartiere gliedern. In anderen Bereichen der Stadtregion dreht sich das Verhältnis um. Hier bildet die Landwirtschaft die Basis für die Einbindung einzelner urbaner Nutzungsinseln und Infrastrukturen. Aber auch hier wird sich die Landwirtschaft zukünftig deutlich multifunktional mit Freizeitangeboten für die Stadtbewohner entwickeln, beispielsweise durch Spazierwege und Picknickplätze. Diese morphologischen Kategorien bilden den Grundstock für eine durch produktives Grün geprägte Stadtstruktur.

Geforscht wurde dazu auch im Entwurfsmodus. Städtebauliches und landschaftsarchitektonisches Entwerfen wurde als Methode zur Materialisierung und Organisation von Wissen gezielt eingesetzt, um dieses neue themenbezogene Wissen zu verräumlichen und zu implementieren. Entwurfslösungen entstanden forschungsbegleitend in universitären Entwurfsstudios, internationalen Sommerschulen oder als studentische Abschlussarbeiten, aber auch als unmittelbarer Teil der Forschung in einem vom Forschungsprojekt organisierten städtebaulichen Wettbewerb oder in transdisziplinären Workshops. Zur Verknüpfung des Urbanen und Ruralen wurde systemisches Entwerfen praktiziert. Die Ergebnisse führten die verschiedenen Forschungsbeteiligten aus dem Status-quo-Denken heraus in einen Prozess der Imagination, wie die schier unlösbaren »wicked problems« (Brown u. a. 2010) durch eine konkrete Veränderung der räumlichen Praxis angegangen werden können.

Gearbeitet wurde – unter der Leitung einer Landschaftsarchitektin – in einem großen interdisziplinären Team mit Experten unterschiedlicher Fachdisziplinen, wie Stadtplanern und Stadtökonomen, Klimaforschern, Wasserexperten, Agrar- und Sozialwissenschaftlern, jeweils in deutsch-marokkanischen Forschertandems. Das Team, das phasenweise bis zu 60 Personen umfasste, setzte sich zudem aus Vertretern der Praxis zusammen und bezog Personen aus der städtischen und regionalen Verwaltung, aus Nichtregierungsorganisationen, Vereinen, Unternehmen, Schulen sowie Farmer und Bewohnerinitiativen mit ein. Es folgte damit dem neuen Forschungsprinzip der transdisziplinären Forschung, die auf das Generieren von Problemlösungswissen und auf konkrete gesellschaftliche Veränderungen ausgerichtet ist. Eine solche Forschungsweise bringt neben Systemwissen – also einem vertieften Wissen über die verschiedenen Facetten eines Problems – auch Ziel- und Transformationswissen hervor, mit Blick auf die Stimulation konkreter gesellschaftlicher Veränderungen.

Vier Pilotprojekte bildeten konkrete Räume, in denen auf verschiedenen Maßstabs- und Handlungsebenen mit jeweils unterschiedlichen thematischen Schwerpunkten getestet wurde, wie über metabolische Stoffströme oder sozioökonomische Komponenten neue Verknüpfungen entstehen können. Sie waren konkrete Synergiegeneratoren an gezielt ausgewählten Orten in der Stadtregion. Im ersten Pilotprojekt wurden mögliche Synergien zwischen den Sektoren Landwirtschaft und Industrie mit Blick auf die großflächige Wiederverwendung von gereinigtem Stadtwasser in der Landwirtschaft behandelt. In der informellen Siedlung Ouled Ahmed konnte im Rahmen des zweiten Pilotprojekts die Errichtung eines Gemeinschaftsgartens auf einer Zwischennutzungsfläche verwirklicht werden. Es ließ sich hier aufzeigen, wie das gereinigte Abwasser eines benachbarten Hammam zur Bewässerung genutzt werden kann.

▼ Das Pilotprojekt in Dar Bouazza: Sicherung der landwirtschaftlichen Nutzung durch Aufbau eines Produzenten-Konsumenten-Netzwerks

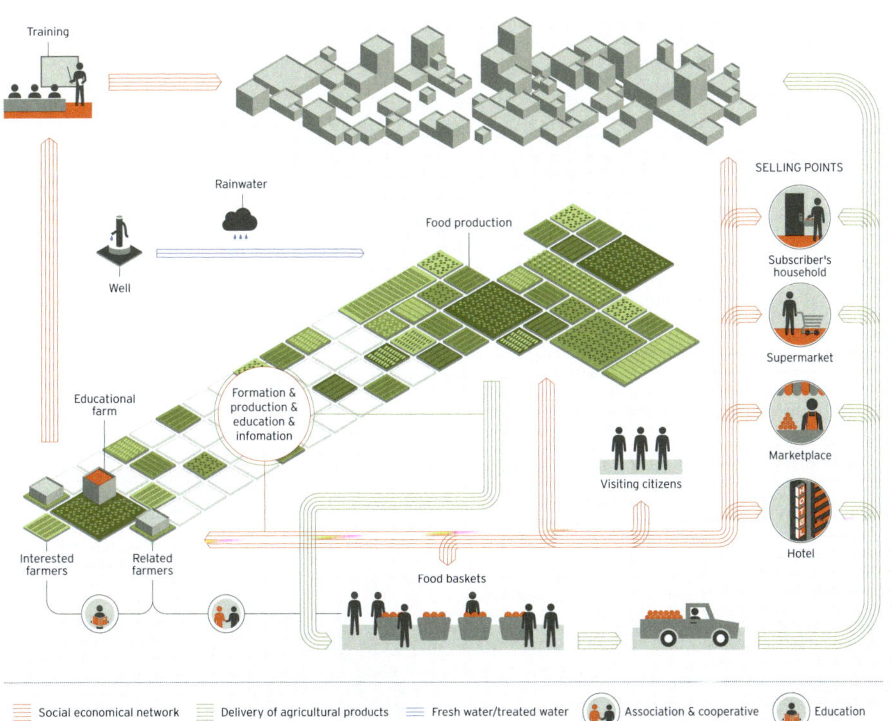

▲ Packen der Biokörbe für den Vertrieb auf der pädagogischen Farm, 2011

▼ Pilotprojekt der pädagogischen Farm: Regionale Nahrungsmittelproduktion als Teil der grünen Infrastruktur der Stadtregion, 2010

In dem Gemeinschaftsgarten wurden Frauen in ökologischen Anbauweisen unterrichtet. Verknüpfungsmöglichkeiten von stadtnaher Landwirtschaft und touristischen Aktivitäten wurden mit dem dritten Pilotprojekt in einem landschaftlich außergewöhnlich attraktiven Tal erprobt, um durch eine Diversifizierung der Einkommen den Erhalt der Landwirtschaft und damit der Kulturlandschaft zu sichern. Das vierte Pilotprojekt in Dar Bouazza demonstrierte, wie mit der Produktion landwirtschaftlicher Produkte Kleinbauern in agrarökologischen Anbauweisen ausgebildet und Biokörbe in einem neuen Produzenten-Konsumenten-Netzwerk als attraktives Geschäftsmodell vertrieben werden können.

Alle Pilotprojekte wurden in enger Zusammenarbeit mit zivilgesellschaftlichen Akteuren aufgebaut und verankert. Das gesellschaftliche Spektrum der Akteure war breit und reichte je nach Themenstellung von unterschiedlichen Farmern über Industrieunternehmern und Klärwerksbetreibern bis zu Straßenverkäuferinnen und den Bewohnern informeller Siedlungen. Die vier Pilotprojekte waren nicht nur konkrete Umsetzungsorte, sondern dienten als lernende Plattformen explizit dem Austausch zwischen zivilgesellschaftlichen Akteuren, Wissenschaftlern und kommunalen Fachleuten. Zukunftswerkstätten, Ausstellungen, Aktionstage sowie Filme und Medienauftritte waren weitere Formate, die über das Forschungsteam hinaus eine breitere Öffentlichkeit an dem Forschungsprozess und den dort diskutierten Fragen teilhaben ließen. Durch Sommerschulen, Entwurfsstudios und Masterarbeiten wurde die Forschung intensiv mit der Lehre verknüpft.

Der Projektansatz für eine veränderte urban-rurale Ordnung und deren Verknüpfung in ökonomischen, soziokulturellen, ökologischen und räumlichen Ebenen rüttelt an bestehenden Ordnungen und weicht frühere Grenzziehungen auf. Das Projekt hat damit paradoxerweise zunächst ein Problem erzeugt, das zuvor in der Wahrnehmung der Stadtregion gar nicht bestanden hatte. Aus der angestoßenen integrierten Sichtweise ist eine neue Hyperkomplexität erwachsen, die viele der Prozesse im Anthropozän prägt, aber auch Abwehr erzeugt. Durch die langjährige inter- und transdisziplinäre Arbeitsweise ist es im Rahmen des Projekts so gelungen, die Qualitäten einer veränderten Koexistenz für eine stabile und resiliente Entwicklung der Region sichtbar zu machen. Dabei waren alle Beteiligten gefordert, ihre Positionierung zur Landschaft und zur Stadt immer wieder neu zu justieren. Einmal mehr verblasste dabei der westliche Mythos der schönen Landschaft Petrarcas als Bild, aber – um es in Anlehnung an Humphrey Bogarts legendäre Schlussworte im Filmklassiker *Casablanca* auszudrücken: Es könnte der Beginn einer wunderbaren Freundschaft zwischen den beiden Sphären sein.

Projektangaben

**Projekttitel**
Urbane Landwirtschaft als integrierter Faktor einer klimaoptimierten Stadtentwicklung in Casablanca/Marokko

Deutsch-marokkanisches Forschungsprojekt im Rahmen des BMBF-Forschungsprogramms »Future Megacites«

**Projektleitung**
TU Berlin, Fachgebiet Landschaftsarchitektur + Freiraumplanung, Leiterin Prof. Undine Giseke

**Mitarbeiter**
Juliane Brandt (2012–2014), Georg Bock (2013), Anne-Katrin Fenk (2009), Silvia Martin Han (2007–2012), David Kaufmann (2013), Christoph Kasper (2010–2014), Yassine Moustanjidi (2012–2014), Chloé Naneix (2011–2013), Meggi Pieschel (2008–2011), Kathrin Wieck (2005, 2011–2014)

**Deutsche Projektpartner**
TU Berlin: Fachgebiet für Klimatologie, Prof. Dr. Dieter Scherer; TU Berlin: Fachgebiet Verfahrenstechnik, Prof. Dr. Matthias Kraume (Koordination Pilotprojekt 1); TU Berlin: ZEWK kubus, Gisela Prystav, Dr. Frank Helten (Koordination Pilotprojekt 2); Universität Hohenheim: Fachgebiet Landwirtschaftliche Kommunikations- und Beratungslehre, Dr. Maria Gerster-Bentaya (Koordination Pilotprojekt 2); Bergische Universität Wuppertal: Fachgebiet Ökonomie des Planens und Bauens, Prof. Dr. Guido Spars; fbr e. V. Darmstadt: Fachvereinigung Betriebs- und Regenwassernutzung e. V., Dietmar Sperfeld

**Marokkanische Projektpartner**
National Institute of Spatial Planning and Urbanism Rabat (INAU); Casablanca University Hassan II: Ain Chock, School of Science, Chair of Hydroscience und Mohammedia, School of Sciences Ben M'Sik; City Planning Authority for Casablanca Region (AUC); Regional Authority of Agriculture in Casablanca Region (DRA); Regional Authority of Housing, Urbanism and Spatial Planning, Casablanca (IRHUAE); National Weather Service, Casablanca (DMN); Association Terre et Humanisme Maroc, Casablanca (T&H); Association Unions of Ouled Ahmed and School of Ouled Ahmed, Douar Hmar

**Bearbeitungszeitraum**
Vorphase 2005–2008; Hauptphase 2008–2014

▼ Transdisziplinäre Forschung und Wissensintegration: Szenarienworkshop in Casablanca, 2010

Azzedine Hafif,
Abdelkader Kaioua,
Mohammed El Haddi

# Stimulieren von Transformation in der institutionellen Praxis

»Viele Experten und professionelle Stadtplaner halten urbane Landwirtschaft heute für mehr als nur eine schlichte wirtschaftliche Aktivität zur Förderung der harmonischen und nachhaltigen Entwicklung einer Stadt, nämlich für einen echten ideologischen Trend zugunsten eines Modells einer alternativen Stadtentwicklung, die bestrebt ist, ein Gleichgewicht zwischen Wirtschaftsleistung, sozialer Gerechtigkeit und dem Erhalt natürlicher Ressourcen zu finden. In Marokko traten die Belange nachhaltiger urbaner Entwicklung Anfang der 2000er-Jahre im Rahmen der Organisation der Débat National sur l'Aménagement du Territoire (Nationale Debatte zur Raumordnung) zutage. Seit 2005 ist die AUC (Agence Urbaine de Casablanca) einer der aktivsten Partner des UAC-Projekts (Urban Agriculture Casablanca); sie erkennt das Konzept urbaner Landwirtschaft als innovativen Träger einer neuen Philosophie nachhaltiger urbaner Entwicklung an. Wir räumen ein, dass urbane Landwirtschaft im Zuge der früheren Planungsunterlagen, die die Stadtplanung von Casablanca bestimmt haben, nie wahrgenommen wurde. Das Ackerland innerhalb des städtischen Gebiets wurde stattdessen als reine Landreserve betrachtet, die der Urbanisierung harrte. Das Hauptanliegen der Stadtplanung war angesichts des raschen Tempos der Urbanisierung in dieser Stadt stets die Erfüllung dringender Bedürfnisse im Bereich Wohnungsbau sowie sozialer und öffentlicher Anliegen.« (Azzedine Hafif, in: Adidi u. a. 2015, S. 454)

»Stadtpolitik wird angesichts der Etablierung einer neuen städtischen Politik, die mit den in der Stadtplanung bislang vorherrschenden sektorbezogenen und technokratischen Ansätzen bricht, heutzutage als partizipatorischer Bottom-up-Ansatz betrachtet, der auf Integration, Universalität und Nachhaltigkeit sowie auf verantwortungsvoller Regierungsführung basiert. Vor dem Hintergrund dieser neuen Struktur kann städtische Landwirtschaft zu einem Hebel für soziale und nachhaltige Stadtentwicklung werden. Seit Beginn des UAC-Projekts hat sich die IRHUPV (Inspection Régionale de l'Habitat, de l'Urbanisme et de la Politique de la Ville) als Stakeholder in diesem Projekt für die Verbreitung des Konzepts städtischer Landwirtschaft engagiert und eingesetzt.

In all den wissenschaftlichen und politischen Veranstaltungen in Grand Casablanca, an denen die IRHUPV teilgenommen hat, wurden Informations- und Sensibilisierungskampagnen in Zusammenhang mit dem Konzept urbaner Landwirtschaft durchgeführt mit dem Ziel, gewählte Vertreter und Entscheidungsträger der Stadtplanung – vor allem die AUC – zu erreichen.« (Abdelkader Kaioua, in: Adidi u. a. 2015, S. 454)

»[Auch] die DRA (Direction Régionale de l'Agriculture) von Grand Casablanca gehörte zu den ersten Institutionen, die das UAC-Projekt unterstützten. Das Konzept städtischer Landwirtschaft wurde von der DRA aufgrund der Tatsache gefördert, dass Casablanca nicht nur eine Industrie- und Hochschulmetropole ist, sondern auch ein landwirtschaftliches Zentrum.« (Mohammed El Haddi, in: Adidi u. a. 2015, S. 455)

»Der neue, 2010 bewilligte Masterplan für Grand Casablanca hat es sich zum Ziel gesetzt, mit den Stadtplanungsansätzen und -methoden zu brechen, die in Casablanca seit der Kolonialzeit vorherrschten. Diese neuen Vorgaben sollen stattdessen global, ganzheitlich und partizipatorisch wirken. Eine der in diesem Masterplan enthaltenen Innovationen ist die Förderung von Freiräumen als strukturelle Komponenten städtischer Entwicklung. Natürlich ist städtische Landwirtschaft noch nicht als urbane Wirtschaftsfunktion anerkannt, ihr wird jedoch allmählich ein gewisses Maß an Schutz durch Regulierungen zuteil, vor allem in Gemeinden wie Mediouna, Nouaceur und Echellalat. Neben den neuen Gebieten, die in dem städtischen Umkreis von Casablanca eingeschlossen werden, setzt der neue Masterplan die harmonische Stadtentwicklung an erste Stelle.« (Azzedine Hafif, in: Adidi u. a. 2015, S. 454)

»Die nächsten Schritte sind wesentlich, da sie auf eine Institutionalisierung und Anerkennung der urbanen Landwirtschaft in Casablanca zielen. Sie sollen die bereits bestehende Planung stützen und die Akteure sowie lokalen periurbanen Behörden auf die Notwendigkeit des Schutzes urbaner Landwirtschaft auf ihrem Land aufmerksam machen.« (Abdelkader Kaioua, in: Adidi u. a. 2015, S. 455)

Undine Giseke,
Juliane Brandt,
Christoph Kasper

# Kigali

## 2 Kigali, Ruanda
## Stadt der Hügel und Sümpfe

Kigali, die noch junge Hauptstadt Ruandas, trägt den Namen eines Berges. Wie kam es dazu? Ihr Entstehen ist eng mit der Kongokonferenz verknüpft, die 1884/85 in Berlin stattfand. In deren Folge übernahm Deutschland die Verwaltung von Teilen Ostafrikas, einschließlich des heutigen Staatsgebiets von Ruanda, und behielt sie bis zum Ende des Ersten Weltkriegs bei. Richard Kandt, Mediziner und Afrikaforscher, wurde 1907 mit der Errichtung einer Residentur in Ruanda beauftragt und wählte dafür den in der Landesmitte gegenüber dem Mount Kigali gelegenen Landstrich Nyarugenge als Standort. Der komplizierte Name setzte sich in der Folge nicht durch, und der Ort wurde fortan nach dem Berg benannt.

◂ Verknüpfte Systeme – Hügel und Wetlands, 2016

▲
Rapides Wachstum – Ausdehnung der Siedlungsfläche innerhalb eines Jahrhunderts

Kigali und weitere militärische Stützpunkte bildeten die ersten Urbanisierungskerne für ein bis dahin rein rural und durch Streusiedlungen geprägtes Land. 1907 zählte man in Kigali 357 Personen, überwiegend Händler. Bis zur Unabhängigkeit 1962 verlief der Urbanisierungsprozess extrem langsam. Dem ländlichen Raum wurde durch die Kolonialmächte – ab 1918 war Ruanda Belgisches Mandatsgebiet – eindeutig Vorrang eingeräumt. Den Ruandern war ohne Nachweis einer Arbeit der Umzug in die Stadt untersagt. Zum Zeitpunkt der Unabhängigkeit 1962 wies das Land mit 2,4 % den niedrigsten Urbanisierungsgrad der Welt auf (Manirakiza 2011, S. 4–6). Kigali war eine kleine Stadt mit 6000 Einwohnern. Als neue Hauptstadt wurde sie zum Zuwanderungspol für die ländliche Bevölkerung. 1991, kurz vor dem Genozid, zählte sie 235 664 Einwohner. Die junge Republik konnte den Wachstumsanforderungen nur unzureichend nachkommen. Zwar gab es in den 1960er- und 1980er-Jahren Flächennutzungspläne, die jedoch nicht zur Grundlage des Stadtwachstums wurden.

Zu einem gewaltigen Einbruch in den Bevölkerungszahlen kam es in den 1990er-Jahren infolge des Bürgerkriegs und durch den Genozid 1994 mit der darauffolgenden Abwanderungswelle. Schätzungen gehen davon aus, dass die Bevölkerung 1994 nur bei 50 000 Einwohnern lag (Manirakiza 2011, S. 9). Nach dem Krieg beschleunigte sich das Wachstum durch Rückwanderer aus dem benachbarten Ausland und Zuzügler aus den Provinzen, welche die Stadt als Schutzraum empfanden, umso mehr. Zwischen 2003 und 2013 hat sich die Bevölkerung mehr als verdoppelt: auf heute 1,3 Millionen Einwohner. Der Zustrom hält weiter an und übersteigt die bisherigen Wachstumsprognosen. Um den immensen Wohnungsbedarf zu decken, dehnte sich die Stadt gewaltig aus. Es entstand eine Vielzahl an ungeplanten Siedlungen mit mangelnder infrastruktureller Ausstattung. Sie machen 70 bis 80 % des Siedlungsbestands aus und befinden sich häufig in äußerst problematischen und abrutschgefährdeten Hanglagen. 31 % der Flächen weisen eine Hangneigung von mehr als 20 % auf (City of Kigali 2013, S. 5). Nach dem Masterplan von 2013 wird erwartet, dass Kigali in den kommenden zwei Jahrzehnten auf bis zu 4,5 Millionen Einwohner anwachsen wird. Die Stadt bewegt sich gegenwärtig in einem gewaltigen Spannungsfeld zwischen hohen Modernisierungserwartungen und den immensen Alltagsherausforderungen einer ausreichenden Versorgung mit Wohnraum, Nahrung und Infrastruktur.

Ruanda hat ein außergewöhnliches Relief. Im Westen und Norden wird es von der Bergkette des Crête Congo Nil mit dem großen Kivu-See und der Virunga-Vulkankette mit Höhen bis zu 4500 Metern gerahmt. Das Landesinnere, in dem Kigali liegt, ist wiederum durch hügelige Strukturen geprägt, die Ruanda den Namen »Land der tausend Hügel« gaben. Zwischen Zeit durch Schwemmmaterialien aufgefüllt und geben ihnen heute

Kigali – besiedelte Hügel und grüne Wetlands, 2015

einen flachen, sumpfigen Grund. Die Sümpfe werden – wenngleich nur zum Teil dauerhaft – von Wasserläufen durchflossen, den Oberflächengewässern zugeordnet und besitzen eine enorme Wasserspeicherkapazität. Ihre Fläche macht in Ruanda insgesamt 77 000 Hektar aus (Kabalisa 2006, S. 15), das entspricht knapp drei Vierteln der Fläche des Kivu-Sees.

Nicht nur die Hügel, sondern auch die Sümpfe spielen eine zentrale Rolle in der landwirtschaftlichen Versorgung Ruandas, da sie durch ihr Wasserregime eine dritte Ernte während der großen Trockenzeit von Juni bis September erlauben. Sie dienen aber auch der Rohstoffgewinnung (Tone, Sande), werden als Weideflächen und zur Fischzucht genutzt. Die Sümpfe sind in ihrer Ausprägung vielfältig. Während die deutsche Sprache ein einziges Wort dafür kennt, hält die Landessprache Kinyarwanda über 20 Begriffe für sie bereit (Kersting 2010, S. 80).

Das Zentrum von Kigali, 2016

▲
Die ungeplante Siedlung Agatare – auf steilen Hängen hinab zu den Ruenge-Wetlands, 2015

Kigali bereitet sich auf die nächsten Wachstumsschritte vor. Die Entwicklungsplanungen zeigen ein deutliches Modernisierungsbestreben. Kigali möchte eine moderne Metropole werden und sieht unter anderem im Ausbau des Finanzsektors ein bedeutendes Zukunftsfeld, parallel zur Stärkung des Industrie- und Dienstleistungssektors. Durch eine Verwaltungsreform wurde die Stadtregion 2005 auf eine Fläche von 730 km² erweitert. Bislang sind davon nur 17 % baulich entwickelt, 50 % der Flächen werden als nicht bebaubar eingestuft. Hier kommt die Ausgangssituation der Hügel und Wetlands wieder zum Tragen: Neben den noch verbliebenen Waldflächen sind ein großer Teil der Nichtbauflächen Hügel mit starken Hangneigungen (> 20 %) und Wetlands, die circa 19 % der Gesamtfläche ausmachen (City of Kigali 2013).

Während frühere Planungen teilweise eine Trockenlegung und Bebauung der Sümpfe zum Ziel hatten, wird deren existenzielle Bedeutung für die Lebensfähigkeit der Stadt heute anerkannt. In Nachbarschaft zum Central Business District fungieren sie teils als Park und Freizeitanlagen. Immer mehr jedoch wird die Funktion der Sümpfe für den urbanen Metabolismus offensichtlich. Ihre Fähigkeit Wasser aufzunehmen und zu speichern macht sie zu einem zentralen Ko-System zum bebauten Bereich. Sie sind unabdingbar notwendig für das Wassermanagement der Stadt mit ihren steilen Hängen sowie den gewaltigen in den Regenzeiten abfließenden Wassermassen. Durch ihre Speicherfunktion und ihre relativ fruchtbaren Böden bieten sie die Möglichkeit, mehrere Kulturen im Jahr zu ernten. Dies macht sie interessant für eine urban integrierte landwirtschaftliche Nutzung. Ein paralleler Ausbau der landwirtschaftlichen Produktion steht für die Stadt nicht grundsätzlich

▲ Landwirtschaftliche Nutzung eines Wetlands, 2015

in einem Widerspruch zu den ehrgeizigen ökonomischen Zielen als Finanzzentrum Ostafrikas. Die Erhöhung der Nahrungssicherheit ist ein erklärtes nationales Ziel und bezieht auch die Stadt mit ein. Heute werden noch 63 % der Stadtfläche landwirtschaftlich genutzt. Neben der Produktionssteigerung auf verbleibenden Flächen wird auch eine Integration kleinteiliger urbaner Landwirtschaft angestrebt. Hier zeigt sich nicht nur eine Sensibilisierung für die urbane Ernährungsfrage, sondern diese Förderung der Eigenproduktion korrespondiert mit der großen landwirtschaftlichen Tradition des Landes ebenso wie mit akuten Fragen urbaner Armut.

Welche Entwicklungskonzepte sind angemessen für diese Ausgangssituation und welche Arten von Infrastruktursystemen können Antworten auf die spezifischen Anforderungen des Ortes bilden? Und ferner: Wie gelingt es, sie zu implementieren? Mit diesen Fragen beschäftigen wir uns im Rahmen eines Forschungsprojekts, das sich den Herausforderungen rapider Urbanisierung aus der Perspektive der Infrastrukturen nähert.

In dem seit 2014 laufenden Forschungsprojekt »Rapid Planning« untersucht ein interdisziplinär breit aufgestelltes Team in mehreren Städten – darunter auch in Kigali –, wie mögliche Synergien zwischen verschiedenen Stoffströmen, die zur Versorgung der Stadt notwendig sind, erzeugt werden können und welche transsektoralen Infrastruktursysteme dafür gebraucht werden. Das Nahrungssystem wird hier erstmals systematisch in den Kanon der urbanen Infrastrukturen aufgenommen und neben Wasser, Energie und Abfall als ein zentraler Stoffstrom betrachtet. Die Versorgung mit Nahrung ist, anders als die traditionellen Infrastruktursysteme, ein Hybrid, da sich weite Teile über das Kaufverhalten der privaten Haushalte organisieren, also über den Markt, und sich damit dem Zugriff durch Stadtplanung auf den ersten Blick entziehen. Es gibt jedoch eine Reihe von unmittelbaren Schnittstellen zur Stadtentwicklung, auf die es die Aufmerksamkeit überhaupt erst zu richten gilt:

- So geht es in den urbanen Wachstumszentren nicht nur um die Frage, wer Zugang zum Wasser hat, sondern auch darum, wer Zugang zu Nahrung hat – sozioökonomisch und räumlich. Wie fein ist das Netz der Verkaufsstellen und Märkte und wie wandelt es sich mit der Stadtstruktur?
- Welche Nahrungsmittel können in der Stadtregion erzeugt werden, und kann damit ein Beitrag zur Nahrungssicherheit und Armutsbekämpfung geschaffen werden? Welche Räume stehen dafür zur Verfügung?
- Lassen sich, anders als heute, Kreislaufwirtschaften und Verknüpfungen zwischen Stoffströmen erzeugen, die ein verbessertes Ressourcenmanagement ermöglichen?

Das Projekt arbeitet dabei auf parallelen Ebenen. Einerseits werden die bestehenden Stoffströme und Infrastruktursysteme zunächst sektoral erfasst. Insbesondere bei Nahrung gehen die Ströme weit über die Systemgrenzen der Stadt hinaus. Die Bedarfe der wachsenden Städte beeinflussen Landnutzung und Produktionsweisen in den ländlichen Räumen, im Umland der Stadt, im Land oder in anderen Ländern. Parallel dazu ändern sich häufig die landwirtschaftlichen Herstellungsverfahren mit Blick auf Produktionssteigerungsziele sowie eine stärkere (Welt-)Marktorientierung der Produkte. Diese Prozesse stehen in Abhängigkeit zueinander. In der Wissenschaft wird für diese Art der Verknüpfung zwischen sozialen und ökologischen Systemen der Begriff des Telecoupling benutzt.

Das »Rapid Planning«-Team setzt den Fokus auf die Städte und versucht, durch das Beschreiben ihrer Ressourcenbedarfe, differenziert nach sozioökonomischen Einheiten, derartige Verknüpfungen sichtbar werden zu lassen. In einem weiteren Schritt wird betrachtet, wo Verknüpfungspunkte zwischen den einzelnen Strömen bestehen und ob respektive wie sie innerhalb des urbanen Systems mit Blick auf den Ressourcenverbrauch effektiver organisiert werden können. Dies umfasst auch ein Untersuchen der Schnitt-

Mikrobaustein des Stoffwechselkonzepts: Dünger für die Kooperative aus dem organischen Abfall der Siedlung. Die Farmerkooperative stellt ihren Dünger durch Kompostierung des Biomülls aus der Siedlung her

▼

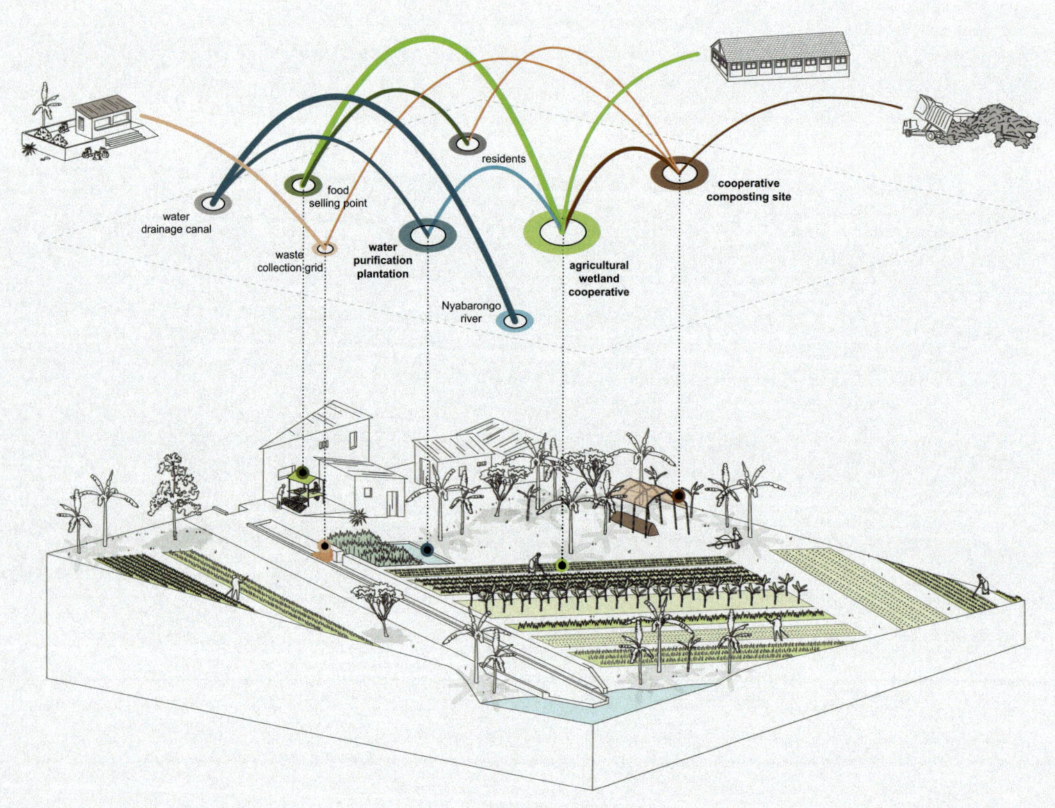

stellen mit dem Agrarsystem. Gegenwärtig sind die Programme und Strategien der Stadtentwicklung und der Agrarwirtschaft noch nicht aufeinander bezogen und folgen einer unterschiedlichen Eigenlogik. Es ist daher wichtig, einerseits mit Blick auf die Nahrungssicherheit zukünftige Nahrungsbedarfe in den Blick zu nehmen und auf der anderen Seite zu fragen, welche Formen der Nahrungsmittelproduktion sinnhaft mit der Stadtentwicklung verknüpft werden können.

In Kigali spielen dabei neben den Hügelflächen im Norden, die traditionell landwirtschaftlich genutzt werden, auch stadtintegrierte Formen wie Agroforstsysteme in den steilen Hängen oder angepasste Gemüseproduktion in den Sümpfen eine Rolle. Für diese ist es besonders interessant, über eine Verknüpfung mit weiteren Stoffströmen wie Wasser und Abfall nachzudenken. Interaktive Infrastruktursysteme, die diese Schnittstellen aktivieren, sind keine rein technischen Lösungen, so lautet die Annahme. Vielmehr sind sie wechselseitige Beziehungen zwischen sozialökonomischen, natürlichen und technischen Systemen. Mit anderen Worten: Der Mensch und die Natur sind gleichermaßen Akteure der Infrastruktursysteme. Zu untersuchen, wie zentral oder dezentral sie organsiert sein können, ist Teil des Forschungsprojekts.

Alltägliche Verknüpfungsorte: ein Wasserkiosk und eine Sammelstelle für wiederverwertbaren Müll an einem kleinen öffentlichen Platz
▼

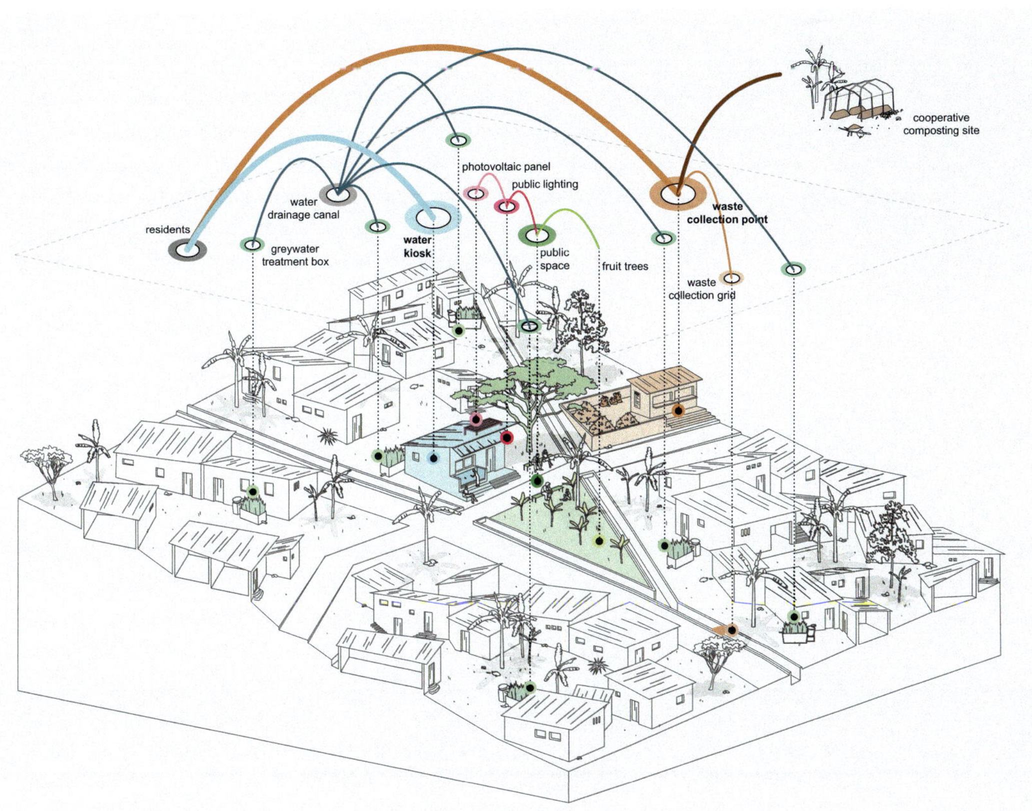

▲ Workshop zum Stoffwechselkonzept von Agatare, 2016

▲ Der Wasserkiosk, instandgesetzt von Bewohnern und Studenten während einer internationalen Sommerschule, 2015

▲ Im Feld: Erörtern der Probleme mit der Farmerkooperative, 2015

Es ist Mitte November. Wir sitzen mit Vertretern der Rwampara-Wetland-Kooperative in einer Schule in Agatare für einen Workshop zusammen, in dem wir die Fragen der Verknüpfung des Sumpflandes mit der Siedlung erörtern wollen.

Agatare liegt im Nyarugenge-Distrikt unweit des Zentrums auf dem größten Hügel der Stadt. Es ist eine der ältesten ungeplanten Siedlungen von Kigali und mit 86 Hektar und 18 914 Einwohnern (Stand 2014) vergleichsweise groß. Agatare erstreckt sich über steile Hänge unmittelbar bis an das Sumpfgelände, welches hier überwiegend agrarisch genutzt ist, unter anderem durch eine Kooperative von circa 30 Farmern, die Gemüse produzieren und die lokalen Märkte beliefern. Bis auf wenige befestigte Straßen ist Agatare bislang nur über steile Fußwege erschlossen, oft parallel zu dem offenen Drainagesystem. Nach städtischen Planungen gemeinsam mit der Weltbank ist die Siedlung ein erstes Referenzprojekt für die Erhaltung und Aufwertung einer informellen Siedlung in Kigali. Da insgesamt zwei Drittel der Bevölkerung Kigalis in ungeplanten Siedlungen leben, hat das Aufwertungskonzept beispielhaften Charakter. Es zielt neben einer Verbesserung der Erschließung und einer baulichen Instandsetzung vor allem auf infrastrukturelle Maßnahmen ab, schließt aber ebenso eine Ausweitung lokaler landwirtschaftlicher Aktivitäten ein. Die städtischen Planungen können hier mit der Aktionsforschung des »Rapid Planning«-Projekts und seinem systemischen Ansatz verknüpft werden.

Die Farmer haben das Land erst vor wenigen Jahren von der Stadt zur Bewirtschaftung erhalten. Sie bauen Gemüse an, das sie auf den städtischen Märkten verkaufen. In geringem Umfang wird Milchwirtschaft betrieben. Die Milch wird in der Nachbarschaft verkauft, der Kuhdung zur Gewinnung von Dünger eingesetzt. Klima und die ausgeglichene Wasserverfügbarkeit lassen drei Ernten im Jahr zu. Ein Problem stellen Überschwemmungen in der Regenzeit dar, die den Anbau über mehrere Wochen behindern. Immens wird die Arbeit auch durch den Müll beeinträchtigt, der über das offene Entwässerungssystem mit den Regenmassen in die Sümpfe gespült wird. Die Infrastrukturplanungen für Kigali sehen einen schrittweisen Anschluss auch der bestehenden Siedlungen an ein Abwassersystem vor. Die Nachrüstung ist jedoch kostenintensiv und wird lange Zeit in Anspruch nehmen. Ein weiteres Ziel ist es, mehr Regenwasser zu sammeln und so die Abflussmengen zu reduzieren.

Während wir diskutieren, wo mögliche Lösungsansätze für die Kooperative liegen können, setzt heftiger Regen ein. Innerhalb kürzester Zeit stürzen gewaltige Regenmengen durch die Erosionsrinnen des steilen Schulgeländes. Es ist die kleine Regenzeit – da bleiben wir in den Klassenzimmern von Überflutungen verschont. Nicht so in der großen Regenzeit, denn dann stehen die Räume häufig unter Wasser. Wir diskutieren nicht nur mit den Farmern. Es folgen Workshops mit Mitarbeitern der Schule und mit den Bewohnern entlang eines Entwässerungsstranges. Am Ende entsteht ein Mikrokonzept zur Verknüpfung der Infrastruktursysteme. Dazu zählen unter anderem die testweise Implementierung von Reinigungsboxen für das Grauwasser der privaten Haushalte, der Ausbau der Regenspeicherkapazität der benachbarten Schule, die Schaffung von Ankaufpunkten von getrennt gesammeltem Müll, die Errichtung von Verkaufspunkten für Agrarprodukte sowie ein Projekt der weiteren Düngergewinnung durch Kompost für die Kooperative der Wetland-Farmer. Die Evaluierung der Aktivitäten im Mikromaßstab fließt in die weitere Methodenentwicklung für interaktive Infrastrukturen ein.

Kigali steht vor gewaltigen Herausforderungen. Die Stadt teilt die immensen Probleme der Bereitstellung bezahlbaren Wohnraums und der Organisation des Transports mit vielen weiteren urbanen Wachstumszentren. In diesem kurzen Bericht wurde das Augenmerk auf die Besonderheit der eigenwilligen Topografie gerichtet. Sie macht im Sinne des Anthropozäns die »Erdverbundenheit« des Ortes unweigerlich spürbar. Wie kann die Verknüpfung der Stadt mit ihren Hügeln und Sümpfen zu einem Generator für eine einzigartige Stadtidentität und zugleich für eine wegweisende Organisation metabolischer Prozesse in einem rapide wachsenden urbannatürlichen System werden? Welches Wissen ist dafür erforderlich und wie kann es generiert werden? Was sind Treiber, wer sind Akteure in solchen Transformationsprozessen? Wo liegen die Blockaden? Damit sind nur einige der gewaltigen Herausforderungen benannt, nicht nur für die Stadt, sondern auch für die Methoden und Arbeitsweisen der Landschaftsarchitektur.

Projektangaben

**Projekttitel**
Rapid Planning – Nachhaltiges Infrastruktur-, Umwelt- und Ressourcenmanagement für hochdynamische Metropolregionen

Internationales Forschungsprojekt gefördert durch das Bundesministerium für Bildung und Forschung (BMBF)

**Projektleitung**
Verband zur Förderung angepasster, sozial- und umweltverträglicher Technologien e. V. (AT-Verband)

**Team TU Berlin**
Fachgebiet Landschaftsarchitektur + Freiraumplanung Prof. Undine Giseke, Christoph Kasper, Juliane Brandt, Katharina Lindschulte, Maria F. Agudelo Ganem

**Weitere Projektpartner**
Brandenburgische Technische Universität Cottbus-Senftenberg (BTU-CS); Frankfurt University of Applied Sciences (FRA-UAS); Institut für Automation und Kommunikation (ifak) Magdeburg; Institut für Energie- und Umweltforschung (ifeu) Heidelberg; Institut für Umweltwirtschaftsanalysen Heidelberg e.V. (IUWA); Institut für ZukunftsEnergie Systeme (IZES) gGmbH, Saarbrücken; Ostfalia Hochschule für angewandte Wissenschaften, Campus Suderburg; Universität Stuttgart – Institut für Energiewirtschaft und Rationelle Energieanwendung (IER); Eberhard Karls Universität Tübingen – Fachbereich Geowissenschaften; UN-Habitat – United Nations Human Settlements Programme

**Kooperierende Städte**
Da Nang (Vietnam), Kigali (Ruanda), Assiut (Ägypten), Frankfurt am Main (Deutschland)

**Team Entry Project Kigali**
ifeu Heidelberg: Christin Zeitz/Bernd Franke; TU Berlin: Prof. Undine Giseke, Juliane Brandt; BTU Cottbus-Senftenberg, Harry Storch; UN Habitat: Sylvie Kanimba, Sebastian Lange

**Lokale Kooperationspartner**
Kigali: City of Kigali (CoK), Abias Mumuhire; District Nyarugenge, Emanuel Ingabire; Gemeindevertreter (Community representative), Canisius Gakwaya

**Bearbeitungszeitraum**
2014–2017 (2019)

# Abias Philippe Mumuhire

# Kigali wächst und fordert uns heraus

Kigali ist eine der am schnellsten wachsenden Großstädte in Afrika. Für das Jahr 2040 rechnen wir mit circa vier Millionen Einwohnern. Eine der Strategien, um auf diesen raschen Urbanisierungsprozess zu reagieren, ist die Umsetzung des Kigali-City-Masterplans, der dazu beitragen soll, mit den zukünftigen Herausforderungen fertigzuwerden, wie z. B. ein verbessertes Transportsystem für Großstadtbewohner und insbesondere Maßnahmen gegen die Wohnungsknappheit, wofür wir eine Reihe von Programmen veranlasst haben. Aufgrund dieses urbanen Wachstums müssen wir auch eine funktionierende städtische Infrastruktur – wie die Versorgung mit Elektrizität – schaffen. Zudem gilt es, für Arbeitsplätze und Nahrungsmittel zu sorgen, um so die Lebensbedingungen zu verbessern. Eines der Ziele der Stadt ist es, Kigali in eine Drehscheibe in Afrika zu verwandeln. Angesichts der einzigartigen Eigenschaften dieser Stadt sind wir mit unserer Politik und unseren Projektinitiativen auf dem richtigen

Weg, um Kigali zu einem nachhaltigen, grünen und lebenswerten Zentrum zu machen.

Ruanda verfügt über eine ganz besondere Geländestruktur, und besonders Kigali könnte von diesen natürlichen Gegebenheiten profitieren. Das Bauen auf Berggipfeln sorgt für Aussichtspunkte, zudem finden sich am Fuße dieser Berge Sumpfgebiete. Dies sorgt für Konstruktionskapazitäten im Wasser- und Abflusssystemmanagement. Diese Sumpfgebiete bieten das Potenzial für ein ökologisches Umfeld, wodurch wir umweltfreundliche öffentliche Parkanlagen zur Erholung schaffen können. Außerdem findet der Großteil der landwirtschaftlichen Aktivität im Sumpfgebiet statt, wo Nahrungsmittel angebaut werden, um die Bevölkerung Kigalis zu ernähren.

Die Erhaltung der Umwelt ist das zentrale Anliegen der Regierung. Zunehmend besiedeln die Menschen auch die Sumpfgebiete, die jedoch aufgrund der Überflutungsgefahr keinen sehr einladenden Ort darstellen, da während der Regenzeit die Gefahr besteht, einfach weggeschwemmt zu werden. Eine der Hauptkomponenten des Masterplans sieht vor, die Sumpfgebiete produktiv zu machen und Bereiche für die Nahrungsmittelproduktion, das Ableiten von Wasser sowie für Erholungsräume zu schaffen, um das Wasser- und Abflusssystem auch während der Regenzeit unter Kontrolle zu halten.

Auch ungeplante Siedlungen wie Agatare sind typisch für Kigali. Das Modernisierungsprogramm für Agatare wird erhebliche Auswirkungen auf die Lebensbedingungen der Menschen haben. Der Fokus der Stadt liegt dabei auf Sicherheit, Zugänglichkeit und Reduzierung von Erosion sowie Überschwemmungen durch die Schaffung intakter Infrastrukturen, wie z. B. ein verbessertes Abflusssystem zur Gewährleistung der Sicherheit. Was die Zugänglichkeit betrifft, so werden wir die Straßenbeleuchtung verbessern, wodurch sich die Menschen sicherer und als Teil der Stadt fühlen sollen. Was uns ebenfalls helfen wird, ist eine bessere Rückhaltung von Regenwasser, ehe dieses in die Sumpfgebiete abfließt und dort Überschwemmungen verursacht und die Ernte zerstört. Das Ziel des Projekts ist es zu gewährleisten, dass die Menschen Tag und Nacht in einer geschützten Umgebung mit Lebensmittelsicherheit leben und sich als Teil der Gemeinschaft fühlen können.

Das »Rapid Planning«-Projekt (RP-Projekt) in Zusammenarbeit mit der Stadt Kigali könnte zu einem der treibenden Faktoren bei der Umsetzung der Visionen des Masterplans werden. Das Projekt verbindet die Bedürfnisse der Menschen, die auf dem Berg leben, mit jenen der Bewohner der Sumpfgebiete – ein Dreh- und Angelpunkt des Unternehmens. Der sehr gute, wissenschaftlich fundierte Forschungsansatz des RP-Projekts berücksichtigt die Schlüsselprobleme und findet die entsprechenden Lösungen in Schwerpunktbereichen wie Landwirtschaft, Abfall- und Wassermanagement sowie Kanalisation. Die Zusammenarbeit mit dem RP-Team funktioniert äußerst mühelos und unterstützt unsere Gemeinde bei der Herstellung von Kompost und dem Einsatz desselben in der landwirtschaftlichen Produktion. Die erzeugten Nahrungsmittel werden auch wirtschaftlichen Einfluss auf Kigali haben, nicht zuletzt weil sie Arbeitsplätze im städtischen Umfeld schaffen, seien sie offizieller oder inoffizieller Art. Ich glaube, dass die Landwirtschaft eine ganz wesentliche Rolle bei der Gestaltung und Verbesserung des Lebens der Menschen in der Umgebung haben wird. Die Interaktion zwischen der Gemeinde und dem RP-Team wirkt sich auch positiv auf die Baukapazität und den Wissenstransfer aus, was zu einer Produktionssteigerung in den Sumpfgebieten führt.

Das Anliegen der Regierung Ruandas ist die Schaffung einer nachhaltigen und würdigen Umwelt, die die Werte und die kulturellen Gepflogenheiten der ruandischen Gesellschaft widerspiegelt.

# Regine Keller

## Cañada Real Galiana

## 3 Cañada Real Galiana, Spanien
## Der größte Slum Europas

»Nulla si truova insieme nato e perfetto« *
*Leon Battista Alberti, 1435*

Am Paseo del Prado in Madrid werden einmal im Jahr Hunderte von Schafen in einem großen Spektakel mitten durch die Stadt getrieben. Dieses jährliche Ereignis sichert das historische Wegerecht der spanischen Schafzüchter, denn der Paseo ist Teil eines weitreichenden Netzes von Viehtriftwegen, den sogenannten Cañadas Reales. In der Öffentlichkeit ist der Name Cañada Real aber mit etwas ganz anderem als einem pastoralen Landschaftsweg verbunden, denn hier liegt der größte Slum Europas, in dem 40 000 Menschen illegal leben – ein Konflikt, der immer wieder zu großen politischen und stadtplanerischen Kontroversen führt. Es stellt sich die Frage, ob es nicht möglich ist, an diesem Ort beides, die historische Kulturlandschaft und das informelle Stadtwachstum, zu vereinen. Dieser Frage geht unser Lehrstuhlteam gemeinsam mit Studierenden seit zwei Jahren nach und stellt nun auf dem Wege von Masterarbeiten Lösungsansätze vor.

◂ Die Cañada Real schlängelt sich durch die Peripherie von Madrid, 2016

* »Nichts ist zugleich im Entstehen begriffen und schon vollkommen.«
Aus: Leon Battista Alberti, *De Pittura*, Libro III, 63.

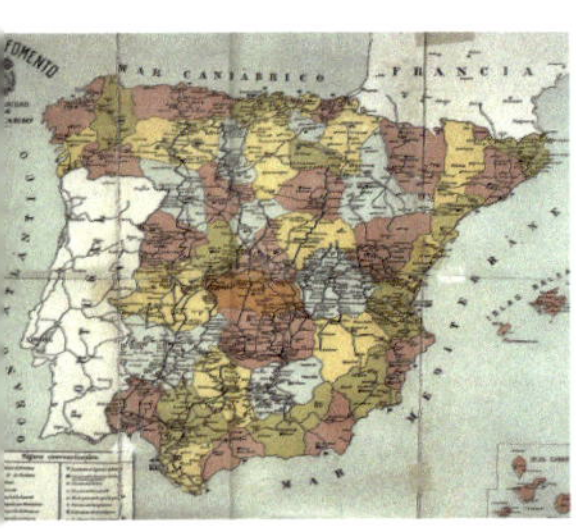


▲

Karte der königlichen Viehtriften Spaniens, um 1925

## Die Cañada Real Galiana

Auf dem malerischen Weg der Cañada Real Galiana wurden seit dem frühen Mittelalter die berühmten Merinoschafe von den Sommer- zu den Winterweiden getrieben. Die pastoralen Landschaftswege überziehen – ähnlich wie ein lang gezogenes Infrastrukturnetz – auf einer Gesamtlänge von etwa 125 000 Kilometern das ganze Land. Ein großer Teil der spanischen Macht basierte einst auf dem Handel mit der wertvollen Wolle. Diese Macht wurde von der Mesta, der Vereinigung der Schafzüchter in Kastilien, von 1273 bis 1836 vertreten. Sie organisierte die sogenannte *trashumancia*, die Wanderung der Schafe – um 1500 zählte man 3 Millionen –, von Andalusien und der Extremadura bis nach Kastilien. Die Mesta schützte ihre Mitglieder und kümmerte sich um die Pflege der Wege und Viehtränken. Sie konnte erwirken, dass der spanische König Alfons der Weise durch ein Edikt im Jahr 1273 die ewige Existenz der Cañadas Reales garantierte – und dies gilt bis heute. Der Name setzt sich aus *cañada* (Weideweg) und *real* (königlich) zusammen. Die einzelnen Abschnitte durchmessen das Land auf Teilstrecken mit bis zu 800 Kilometern Länge und queren dabei die unterschiedlichsten ruralen und urbanen Gebiete Spaniens. Die Breite der Cañada Real war festgelegt und musste 90 Ellen *(varas castellanas)* messen, was 72,22 Metern entspricht. Heute stehen die zum größten Teil noch zusammenhängenden Landschaftswege auf der Anwärterliste zum UNESCO-Weltkulturerbe. Mittlerweile drohen die prägenden Landschaftselemente der Cañada Real wie Ruheplätze *(descansaderos)*, Tränken *(abrevaderos)*, steinerne Hirtenhütten *(chozos)* und Wollwaschhäuser *(lavaderos)* durch eine rasante Urbanisierung verloren zu gehen.

## Der größte Slum Europas

Einige Triftwege haben sich heute zu Freizeitrouten entwickelt, aber weitaus interessanter ist die Tatsache, dass sich entlang der Cañada Real Galiana, auf einem Abschnitt von 15 Kilometern Länge, südöstlich von Madrid der größte Slum Europas entwickelt hat (Dietz 2014). Hier leben illegal ca. 30 000–40 000 Menschen. Die Region Madrid hat bislang kein klares Konzept für den Umgang mit der informellen Besiedlung und reagierte in der Vergangenheit drastisch mit der Absiedlung der hier lebenden Menschen. Es wurde munter »gebulldozert«, wie es leichtfertig heißt, und das Problem damit sprichwörtlich weiter an die Stadtperipherie geschoben. Der Fall der Cañada Real Galiana mit der Überlagerung einer historischen Struktur durch informelle Urbanisierung ist seit mehr als zwei Jahren Forschungsgegenstand am Lehrstuhl für Landschaftsarchitektur und öffentlichen Raum an der TU München. Wir haben es uns

▲ Schafherde auf der Cañada Real Galiana bei Madrid, 2016

zur Aufgabe gemacht, die Potenziale des Landschaftsraumes, die Kapazität der historischen Struktur und die Fähigkeiten der Bewohner der informellen Siedlung an diesem Beispiel zu untersuchen, um mittels eines landschaftsarchitektonischen Konzepts die Koexistenz dieser Aspekte herauszuarbeiten. Ziel ist es zu verdeutlichen, dass sich beides – der Erhalt der Kulturlandschaft und das ungeplante Stadtwachstum – nicht gegenseitig ausschließen müssen. Dazu haben wir uns zu mehreren Expeditionen in die Cañada Real Galiana aufgemacht, als Landschaftsarchitekten auf der Suche nach dem Viehtriftweg und gemeinsam mit Ethnografen im direkten Kontakt mit der dort ansässigen Bevölkerung.

## Auf der Suche nach den königlichen Schafen

Der Schäfer sieht von Weitem aus, wie man sich so einen Hirten vorstellt: klein und etwas gebückt, ein vom Wetter gegerbter Mann, der einen Muli an der Trense führt. Das Tier ist beladen mit den Habseligkeiten des Schäfers. Um beide wuseln zwei

▲ Marokkanische Gärten am Rande der Siedlung, 2016

▲ Die Chefs der Cañada, 2016

unterschiedlich große Hütehunde herum. Sie gehorchen den Rufen des Schäfers und rasen die vor uns liegende Talsenke hinunter, um die grasende Herde von etwa 400 Tieren zusammenzuhalten. Da sind sie also, die Schafe, die wir auf der Cañada Real Galiana, einem der vielen königlichen Viehtriftwege Spaniens, über viele Tage und lange Strecken gesucht haben. Als wir uns der Herde nähern, sehe ich den Schäfer im intensiven Zwiegespräch mit seinem Smartphone. Bei ihm angekommen, spricht dieser in sein Gerät, dass er nun nicht mehr alleine sei, und klappt es zu. Er grinst uns an, zeigt sich neugierig, fragt, wer wir sind, und erweist sich als äußerst gesprächig. Das hätte ich nicht erwartet, hatte ich mir doch einen Schäfer wortkarg und in sich gekehrt vorgestellt. Er freut sich über unser Interesse an seiner Arbeit, und wir erfahren einiges über seine Tiere, die hier als Milchvieh gehalten werden. Die Hunde heißen Tania und Miguel, die Muli-Dame hört auf den Namen Maria. Als wir den Schäfer weiter über die Transhumanz, die Wanderweidewirtschaft, befragen, stellt sich heraus, dass er an die Existenz dieser Wege nicht mehr wirklich glaubt: »Die Zeiten waren in dem Moment vorbei, als die Schafe mit den Zügen über Land transportiert wurden. Heute sind die Wege, die hier Via Pecuario heißen, willkommene Verbindungen für Freizeitradler und Wanderer und schon längst nicht mehr Hauptort der Viehtrift.«

Auch der berühmte Paseo del Prado, die heutige Museumspromenade in Madrid, ist Teil dieses alten Wegenetzes und wird alljährlich mit der Trift der königlichen Schafherde volksfestartig gefeiert. Noch während wir mit dem Schäfer sprechen, wird ein Lamm geboren, und wir werden Zeuge, wie schnell das Tierkind auf den Beinen steht und zu saugen beginnt. Nach 15 Minuten ist alles geschehen, und der Schäfer sammelt das Jungtier ein, um es im Huckepack auf dem Muli mit der Herde weiterzubringen.

## Cañada Informal

Sich auf die Spuren dieser alten Wege zu begeben, bedeutet, deren Metamorphose im unbesiedelten wie auch im hochgradig urbanisierten Kontext zu betrachten. Viele der Viehtriften sind im ruralen Raum noch durchgängig erfahrbar, doch an neuen Infrastrukturen, wie Flughäfen und Autobahnen, wird die alte Spur verlassen und die heutige Wegeführung vorbeigeleitet. Am interessantesten erscheinen die Cañadas Reales aber an der Schnittstelle zur Stadt, wo sie, wie im Südosten der spanischen Hauptstadt, ungeplante Ausprägungen erfahren. Hier, zwischen den Gemeindegebieten Madrid, Rivas, Coslada und San Fernando ist auf der historischen Cañada Real Galiana der größte Slum Europas entstanden. Die informelle Siedlung hat sich linear, auf einer Strecke von 15 Kilometern entwickelt, und das nicht erst seit jüngster Zeit. Seit über 60 Jahren siedeln hier Menschen, entweder in sorgfältig gemauerten Häusern oder auch in nur notdürftig zusammengezimmerten Hütten. Im Norden, dem älteren Teil der Siedlung in San Fernando, zeigt die Architektur der Gebäude inzwischen einen mehr oder weniger regulären Charakter. Einst aus alten Landarbeiterhäusern entstanden, hat sich hier bereits ein legalisierter und damit voll an die städtische Infrastruktur angeschlossener Bereich herausgebildet. Hier sind die Häuser bereits 2- bis 3-geschossig und von Zäunen und Mauern umgeben. Waren es in den Anfängen der Besiedlung Landarbeiter aus Andalusien und der Extremadura, die sich hier ansiedelten, hat sich in der darauffolgenden Phase ein Zustrom an Roma, aus Bulgarien, Rumänien, Portugal und Spanien, ergeben. In der jüngsten Phase, den 2000er-Jahren, kamen während des spanischen Baubooms Arbeiter aus Nordafrika hinzu, vor allem Marokkaner, die in der Mehrzahl muslimischen Glaubens sind. Diese bunte ethnische Mischung macht heute die Bevölkerung der Cañada Real Galiana aus. Die Gemeinden haben der Übersichtlichkeit halber die Cañada auf den 15 Kilometern in 6 Sektoren von Nord nach Süd eingeteilt. Im Süden, dem ärmlichsten Abschnitt, der in direkter

▾ Verlorene Welt auf dem Müllberg der Cañada Real Galiana, 2016

Nachbarschaft zu den Müllbergen der Stadt liegt, zeigen sich auch die prekärsten Verhältnisse. Hier hausen die Menschen vor allem in Hütten und Verschlägen und suchen im Müll nach verwertbarem Material. In diesem Sektor hat sich zugleich Madrids heißester Drogenumschlagplatz entwickelt. Auch greifen hier die rigorosen Abrissmaßnahmen der Stadt, was die Situation zusätzlich verschärft. Die Recyclingwirtschaft im Müll stellt im Süden der Cañada Real Galiana für viele Bewohner einen wichtigen Wirtschaftsfaktor dar. Eine weitere Fähigkeit hat sich seit 2015 ihren Platz geschaffen: Marokkanische Bewohner haben in der Cañada begonnen, Gärten für die eigene Gemüseproduktion anzulegen.

Schon seit Jahren gibt es auf der Ebene von NGOs ein hohes Engagement für die Bewohner. Mittlerweile haben sich Nachbarschaftsgruppen gebildet, die in der Lage sind, in der informellen Situation Hilfe zu leisten – die von der Krankenversorgung bis hin zum Spanischunterricht für marokkanische Männer und Frauen reicht. Arquitectura Sin Frontera, Todo por la Praxis und Zuloark sind Architektengruppen, die sich mit Einzelprojekten in der Cañada Real Galiana engagiert haben. Seit 2016 ist José Antonio Martínez Páramo der erste »Comisionado Regional« der Region Madrid, der die prekäre soziale und städtebauliche Situation in der Cañada Real Galiana regulieren soll.

## Auf der Suche nach den Menschen

Während mehrerer Aufenthalte in der Cañada Real Galiana versuchen wir seit 2014 gemeinsam mit Studierenden, die Situation vor Ort und das vorhandene Potenzial aus landschaftsarchitektonischer Sicht zu verstehen und zu dokumentieren. In ausführlichen Analysen der räumlichen Gegebenheiten und in zahlreichen Gesprächen mit den Bewohnern ist ein facettenreicher Einblick in das Leben auf der historischen Route der Cañada Real Galiana entstanden. Die Abwesenheit formeller Planung hat an diesem Ort bei den Bewohnern nicht zuletzt Begabungen freigesetzt, die für uns Aufschlüsse geben, wie Menschen Infrastrukturen genau dort, wo die formellen Strukturen versagen, selbst erschaffen. Was der Soziologe Abdou-Maliq Simone mit dem Begriff »people as infrastructure« (Simone 2004) prägte, kann auch in der Landschaftsarchitektur als Schlüssel für die Entwicklung öffentlicher Räume in informellen Strukturen gelten. Einen intensiven Einblick in das Leben der Menschen in der Cañada konnten wir auch dank der Zusammenarbeit mit den Ethnografen Prof. Ignacio Farias und Tomás Criado entwickeln. Die soziologischen Befragungsmethoden der »Photo-Elicitation« und des »Shadowing« ermöglichten es unseren Studierenden, behutsam Kontakte zu knüpfen und ihre Erfahrungen in Tagebüchern, Fotodokumentationen und Filmen zusammenzufassen, die dann Grundlage für die Entwürfe bildeten.

Merced, Miguel und ihre Kinder, Cañada Real Galiana, 2016

## Merced und Miguel

Als wir an dem selbst gezimmerten Kiosk von Ibrahim eine Cola kaufen, kommt über die holprige Cañada ein großer Transporter angefahren. Der Fahrer hält direkt neben uns, dreht die Fensterscheibe herunter und sagt unvermittelt: »Hey, wenn ihr wollt, könnt ihr uns nachher zu Hause besuchen!« »Uns«, das sind er und seine Frau mit zwei Kindern. »Wir wohnen im letzten Haus am Weg«, sagt er und fährt weiter. Als wir das letzte Haus am Weg suchen, finden wir ein halb zerfallenes Landarbeiterhaus, an das mit Holzpfosten und Brettern notdürftig ein Vordach gezimmert ist. Wir steigen über einen Berg voll Schutt, der sich im Eingangsbereich auftürmt, und werden von Merced und Miguel herzlich begrüßt. Miguel ist schwarz an Gesicht und Armen, und auch der Rest der Familie sieht nicht wirklich sauberer aus. Das junge Paar lebt mit seinen Kindern im und vom Müll, und sie schlagen sich durch, seit Jahren. Der größte Wunsch der beiden: »Wenn wir irgendwie Geld sparen können, wollen wir uns hier draußen ein Bad bauen.« »Das Leben hier ist hart«, sagen sie, »aber auch frei.« Und das eint viele Bewohner in der Cañada wie der Wunsch, hier irgendwann rauszukommen. Und es eint alle auch das ständige Gefühl, hier nicht richtig sicher zu sein, entweder vor Diebstahl durch die anderen oder vor Abriss durch die Polizei.

▲
Landschaftsschnitte, 2016

Gesamtplan Cañada Real Galiana, Sektor 5, 2016
▼

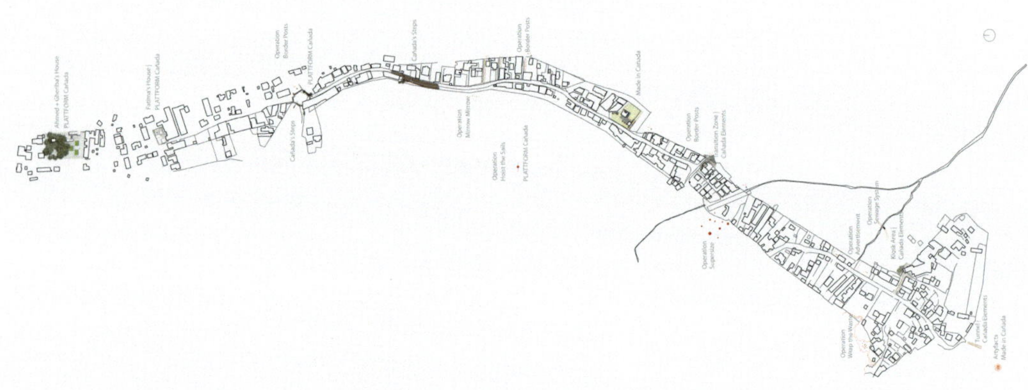

Projektangaben

**Projekttitel**
Cañada Real Galiana, Spanien: Der größte Slum Europas

**Projektteam**
Prof. Dipl.-Ing. Regine Keller, M. Sc. Johann-Christian Hannemann, Dipl. -Ing. Felix Lüdicke (Lehrstuhl für Landschaftsarchitektur und öffentlichen Raum, TUM); Dr.-Ing. Mark Kammerbauer

**Auftraggeber/Fördergeber**
DAAD-PROMOS, ERASMUS-Programm

**Kooperationspartner**
Prof. Dr. phil. Ignacio Farias Hurtado, Dr. phil. Tomás Sánchez Criado (Professur für Partizipative Technikgestaltung, TUM); Prof. Luis Basabe Montalvo (ETSA Madrid); Prof. Dr. Daniel Zarza (Universidad de Alcalá, Madrid); Fundación Secretariado Gitano; ACCEM; Familien der Cañada Real; Goethe Institut Madrid

**Studierende**
Susanne Baur, Julian Birkmaier, Janine van Bon, Franziska Hepp, Ines Hoffmann, Yiqun Le, Laura Loewel, Johanna Rainer

**Laufzeit**
02/2015 – heute

Kann es gelingen, »das Leben der Anderen« mit den formalisierten Ideen regulärer Stadtplanung zu vereinen?

Ist es denkbar, die Cañada Real Galiana ohne Absiedlungspolitik zu einem Ort der Reminiszenz an ihre historische Herkunft und zugleich zu einem Ort einer weiteren Stadtentwicklung werden zu lassen?

Räumlich bietet die Cañada Real eine interessante und städtebaulich nutzbare Vorgabe. Der historische Korridor des Triftweges von 72,22 Metern stellt – mit der mittigen Erschließung – eine ideale Größenordnung für ein Bandstadtmodell dar. Hier könnten die urbanistischen Ideen einer *Ciudad Lineal* von Arturo Soria y Mata für Madrid aus dem Jahr 1882 ihren Widerhall finden (Fidel 2008).

Die strukturelle Kapazität der Cañada Real scheint hierin geradezu idealtypisch vorgezeichnet. Diese Struktur aufnehmend, ist es denkbar, den Viehtriftweg als zentrale Erschließungsachse zu schützen, um die seitlich angelagerte informelle Bebauung als logische Ergänzung zu legitimieren.

Eine vorläufige These daraus stellt sich wie folgt dar: Die Wertschätzung der spezifischen Fähigkeiten der Bewohner und die Weiterentwicklung der räumlichen Kapazität der historischen Struktur der Cañada kann zu einem tragfähigen Gesamtkonzept im Sinne kontextuellen Entwerfens und Planens führen und die Akzeptanz der informellen Siedlung erhöhen. Die Koexistenz des historischen Viehtriftweges und der Besiedlung führen im besten Fall zu einem identitätsstiftenden Mehrwert statt zu einer Irritation.

Bandstadtmodell Madrid (*Ciudad Lineal*) von Arturo Soria y Mata, 1882

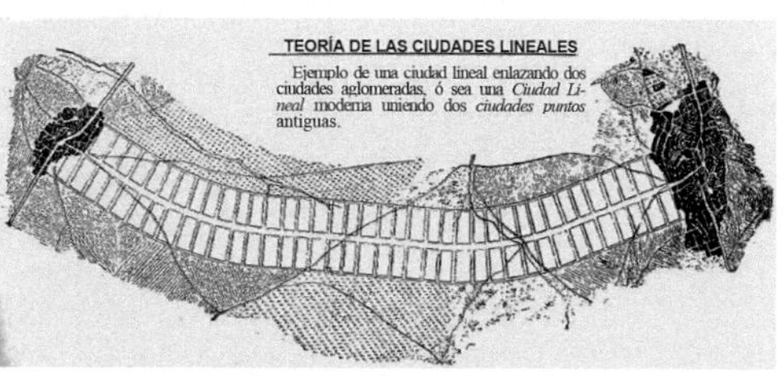

# Daniel Zarza

# Triftwege (Cañadas Pecuarias)

A

106 1000x1000km
105 100x100km
10 10x10
103 1x1km
102 100x100m
101 10x10

»Alle Objekte sind Systeme in dem Sinne, dass sie aus vielen unterschiedlichen miteinander vergliederten Teilen gebildet sind, und die fraktale Dimension beschreibt einen Aspekt dieser Gliederungsregel. Dieselbe Definition ist jedoch ebenso auf Kunstprodukte anwendbar. Ein Unterschied zwischen den natürlichen und den künstlichen Systemen liegt darin, dass zur Erkenntnis des Ersteren Beobachtung und Erfahrung eingesetzt werden müssen, wohingegen sich beim Letzteren das Kunstprodukt befragen lässt. Allerdings gibt es sehr komplexe Kunstprodukte, in denen so viele Absichten zusammengeflossen sind, und das auf so unkontrollierbare Weise, dass das Ergebnis letztlich zumindest teilweise zu einem Objekt der Beobachtung wird.«

Benoît Mandelbrot, *The Fractal Geometry of Nature,* 1975

B

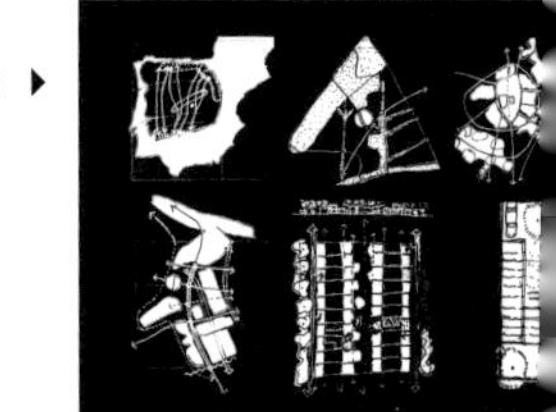

$10^6$

Das Gebiet der Iberischen Halbinsel mit ihrer massiven Meseta wird durchzogen von neun 75 Meter breiten historischen königlichen Triftwegen, den Cañadas Reales, deren längster mehr als 600 Kilometer misst.[1] Sie sind die physische Spur der frühen mediterranen Wanderweidewirtschaft, der Transhumanz, die im hispanischen Mittelalter durch den »Ehrenwerten Rat der Mesta«,[2] die Vereinigung der Schafzüchter in Kastilien, eingeführt wurde. Auf diesen Triftwegen wurde das Vieh zwischen den im Winter genutzten Talweidegründen des Südens und den sommerlichen Bergweiden im Norden hin- und hergeführt.

Diese Wege zählen möglicherweise zu den ältesten Elementen (viehwirtschaftlichen) Reichtums und gebietlicher Ordnung, die wir kennen. Es handelt sich um eine künftige Naturlandschaft, bestehend aus einem *Netz ökologischer Grünkorridore,* die ein Mosaik aus Bergen, Wäldern und Weiden vereint und die dürre, trockenlandwirtschaftlich genutzte Hochebene durchzieht. Nachdem die Wanderviehwirtschaft in unserem Land an Bedeutung verloren hat, sind die Triftwege seit 1995 durch die »Ley de Vías Pecuarias« (Viehwegegesetz) geschützt und künftiges UNESCO-Welterbe. Sie bilden öffentliche Flächen mit einem außerordentlichen ökologischen, rekreativen und sozialen Potenzial und ihre Beaufsichtigung wurde den Autonomen Regionen übertragen.

$10^5$

Das Netz der Triftwege verbindet die unterschiedlichen historischen Regionen der Halbinsel miteinander. Sie verstärken in ihrer Einzigartigkeit die Identität des reichhaltigen grünen Nationalerbes. Zwei große, fast 80 Kilometer lange *Triftwege sind als grüne Linearparks und Parkrouten* Bestandteil der großen Naturparks in der Zentralregion von Guadarrama und Jarama. Madrid ist eine besondere Zentralregion, Hauptstadt des Staates seit Philipp II., Föderaldistrikt und Metropolgebiet. Im Norden liefern die Gebirgslandschaften mit einem weitläufigen Netz von Stauseen im Flussgebiet des Tajo die fundamentalen Wasser- und Waldressourcen, während im Süden die trockenen Kreidelandschaften sowie die Acker- und Auenflächen Möglichkeiten zur natürlichen Wasseraufbereitung und zur Umwandlung von Abfallbergen in Inselberge bieten.

$10^4$

*Metropolregionen* bilden sich aus der Addition und Verwebung vorhandener gebauter Räume wie städtischen Ballungszentren, Stadträndern, Vororten und ländlichen Dörfern, aber auch leeren Räumen, die zu komplexen Räumen restrukturiert werden. Die alten Industrieperipherien von Madrid glichen sich mehrheitlich im Zuge informeller Entwicklungen an und wurden durch nachträgliche Legalisierung und urbane Umgestaltungen in die Stadt eingegliedert. Sie ermöglichten es, dass verschiedene Gemeinschaften behelfsweise zu Wohnraum außerhalb der formalen Mechanismen – wie Kosten, Darlehen, Hypotheken, Genehmigungen usw. – gelangten, indem die Besiedler Wohnungseinheiten von geringer Höhe bei niedriger Dichte, Bebaubarkeit und Belegung selbst errichteten. Dies geschah unter zeitweiliger Nutzungsüberlassung öffentlicher Flächen, beschränktem Zugang zu Versorgungsleistungen sowie im Zusammenspiel ländlicher und städtischer Nutzungen. In der Metropolregion Madrid mit über 7 Millionen Einwohnern und 20 Kilometern Radius wird die Cañada Galiana als tangential zum südöstlichen suburbanen Metropolgebiet liegende Fläche heute aktiv zur grünen Stadtlandschaft ausgebaut.

A
Szenenübergänge in Maßstabssprüngen von Zehnerpotenzen

B
Multiskalare Ansicht iberischer Triftwege als menschliche Kunstprodukte zwischen Galaxien und Atomen gemäß der Zehnerpotenzmethode von Morrison, Morrison, Eames und Eames (1982)

1 Vgl. http://www.tagesspiegel.de/weltspiegel/gesundheit/heute-ziehen-wieder-hirten-mit-ihren-schafherden-durch-die-spanischen-canadas/110846.html (letzter Zugriff: 28.11.2016).

2 Vgl. »Mesta«, in: *The Columbia Electronic Encyclopedia®;* http://encyclopedia2.thefreedictionary.com/Mesta (letzter Zugriff: 28.11.2016).

$10^3$

In der südöstlichen Peripherie von Madrid umfasst die Cañada Galiana in ihrem tangential an die Metropole angrenzenden Abschnitt 14 Kilometer neue *grüne Bandstadt* mit über 40 000 Einwohnern. Morphologisch aus der Informalität erwachsen und nur an minimale Regeln einer Belegung des linear gegliederten Raumes des einstigen Triftwegs gebunden, entsteht eine einzigartige »rurbane« Siedlungslandschaft. Sie verleiht der künftigen Metropole zusätzlich Identität, indem sie die Spur und Erinnerung einer grünen Achse wiederaufnimmt und urbane Intensitäten und Vegetationsniveaus reguliert. So verkörpert sie die Lösung zweier Probleme, nämlich des informell sozialen wie auch des ökologischen, und zwar anhand einer Gebietsnutzung, die der Reichhaltigkeit, Vielfalt und Komplexität gerecht wird, deren die heutige stadträumliche Gestaltung Madrids bedarf.

$10^2$

Die räumliche Addition verschiedener individueller und kollektiver Belegungen zu einem – auf eine ökonomische und verkehrstechnische Mindestordnung gegründeten – Parzellenmosaik und einem Urbanisationsnetz (Zugangsstraße, Wasserzufuhr und ein Mindestmaß an Versorgungsleistungen) bildet das elementare Minimum für den Bau einer Nachbarschaft, eines Quartiers und dann einer Stadt. Die sozial vielfältige Cañada besteht aus mehr als 100 Quartieren oder urbanen Blöcken mit einer Fläche von 100 mal 100 Metern (ein Hektar), die jeweils etwa 30 Parzellen, rund 50 Familieneinheiten und 250 Bewohner umfassen. Es handelt sich um eine urbane Morphologie offener Parzellenbebauung, deren öffentlicher Anteil 40 Prozent beträgt, während der private Anteil (belegte Parzellen) 60 Prozent des Blocks ausmacht. Die Baudichte ist mit einem Verhältnis von überbauter Fläche zu Grundstücksfläche von 0,06 niedrig, und die ambientale Gestaltung wahrt die ursprüngliche grüne Identität der Cañada in Gestalt eines *grünen Boulevards beziehungsweise einer »rurbanen« Fußgängerallee,* wobei das Verhältnis der Bebauung zum Grünbestand an Gärten und Bäumen 36 zu 64 Prozent beträgt.

$10^1$

Auf dem öffentlichen Kulturerbegelände der Cañada erfordert die Nutzung der 75 Meter breiten öffentlichen Schneise die Belegung und Privatisierung zweier Seitenstreifen mit Parzellen von mehr oder minder strikten Abmessungen, die sich auf etwa 30 Meter Tiefe und 10 Meter Front belaufen, das heißt bei einem Front-Tiefe-Verhältnis von 1 zu 3 auf eine Durchschnittsfläche von 300 Quadratmetern. Durch die unter 30 Prozent betragenden Belegungen bleibt *Raum für große grüne Gärten und offene Plätze.* Der Wohnungsbau entwickelt sich somit aus einem Keim, und zwar in einem zunächst informellen Verlauf, der später regulierbar und in die künftigen morphologischen Gewebe der Stadt einzubinden ist. Der »informelle« Prozess ist von der ersten stabilen Parzelleneinheit an ein stets unabgeschlossener Prozess, der sich in fortwährendem Wandel befindet. Die Parzelle schützt sich durch eine Sicherheitsmauer und öffnet sich zu den kollektiven Räumen, die wiederum mit halb offenen Innen-außen-Bereichen wie Veranden und Gärten kommunizieren. In flexibler Gestaltung entstehen dabei wirtschaftliche Produktivstätten (Handwerksbetriebe, Ladengeschäfte, Gemüsegärten, Lagerhäuser, Autowerkstätten usw.). Die »Keimanlage« (Zelle) des Selbstbaus entwickelt sich zu fortschreitendem Wohnungsbau; sie ist eine soziale und produktive Minimaleinheit der Umweltgestaltung und des Austauschs.

▲

Der Osborne-Stier von Manolo Prieto ($10^{1}$) weist heute als Nationalikone auf spanischen Straßen den Weg

▲ Pfade pflanzenfressender Wanderherden in der Serengeti, Afrika ($10^{2}$)

▲

Nilpferdhaut ($10^{?}$) oder Vogelschau auf die älteste Kulturlandschaft, die Savanne Mesopotamiens ($10^{3}$)?

▼ Infolge der Wirtschaftskrise brachliegende Immobilienentwicklungen neben der Entwicklung der Cañada Real Galiana ($10^{3}$)

Johann-Christian Hannemann

Canaan

## 4 Canaan, Haiti
## Menschen, Häuser und Naturgewalten nach dem Erdbeben von 2010

»Goudou Goudou« nennen die Menschen das verheerende Erdbeben, das im Januar 2010 in Haiti mehr als 300 000 Menschen tötet. Ebenso viele werden verletzt, mehr als 1,3 Millionen Haitianer sind von einem Tag auf den anderen obdachlos. Noch drei Jahre später erscheint die haitianische Hauptstadt Port-au-Prince dem Besucher als im Müll versinkende *bidonville* (Elendsquartier). Dieses Trugbild relativiert sich schnell: Die Stadt ähnelt weniger einer zerstörten Stadt als vielmehr einer einzigen großen Baustelle. Die Bevölkerung baut ihr Habitat, ihre Stadt, selbst wieder auf. Der Staat hat sich beinahe vollkommen aus dem Alltag der Menschen zurückgezogen, sozialen Wohnungsbau gibt es bereits seit Dekaden nicht. Auch drei Jahre später hat sich an dieser Tatsache wenig geändert. Die Bausubstanz ist jedoch größtenteils wiederhergestellt, und vielerorts – wo einst die Zeltcamps der Vertriebenen standen – gibt es nun farbenfrohe kreolische Plätze. Das Wachstum ungeplanter, unterversorgter und für Naturgefahren anfälliger Stadtquartiere hingegen ist nach wie vor ungebremst.

Seit 2012 beschäftigen sich Studierende der Harvard Graduate School of Design, der Leibniz Universität Hannover und der Technischen Universität München (TUM) unter der Leitung von Prof. Christian Werthmann und Prof. Regine Keller auf landschaftlicher und städtebaulicher Ebene mit den Folgeerscheinungen des Erdbebens. Aus dieser Initiative gingen ein Masterstudienprojekt in Hannover und die hier im Fokus stehende transdisziplinäre Forschungsgruppe »Urban Strategies for Onaville« hervor, in deren Kontext der Autor und TUM-Studierende verschiedener Lehrstühle seit 2013 ihre Masterarbeiten und Arbeitsaufenthalte in Haiti durchführten.

◂ Ungeplantes Wachstum auf enteignetem Territorium, 2016

Unzugängliche Berg- und Sumpflandschaften, um 1750

Lage von Canaan in der Metropolregion Port-au-Prince, 2014/2016

## Canaan, Stadt der Hoffnung, erbaut in einer Naturgefahrenzone

»Heißer, unfruchtbarer Tuffboden. Vereinzelte Gruppen Niembäume und Kakteen, denen die Vertriebenen Karrees für ihre Quartiere entrissen hatten. Canaan, eine Mischung aus Frauen, Kindern, Männern, aus Lachen und Weinen, aus Hunger und Durst. Eine chaotische Ansammlung von Karrees aus Sperrholz und vorwiegend blauen, planengedeckten Behausungen mit eingestanzten internationalen Kürzeln, die wie ein riesiger Pilz aus dem Erdboden geschossen, schnell von Hügel zu Hügel geklettert war und diese mit einem Geflecht aus vertriebenen Leben bedeckt hatte. [...] Hie und da entstanden Häuser aus festem Material und gaben dem Ort seine Topografie als offizielles Elendsviertel der Zukunft. Und überall der Staub, in Haaren, Augen, Händen, Gesäßspalte, Beinen, eingenistet im intimsten Lebensbereich. Canaan, ein trockener, gottverlassener Ort, den einige Hundert Katastrophenopfer aus der Gegend sofort nach dem Erdbeben besetzt und zum Gelobten Land ausgerufen hatten. Ein Jahr später waren sie, wenig verlässlichen Quellen zufolge, achtzigtausend.« *

* Kettly Mars, *Vor dem Verdursten*, Trier 2013, S. 9–10

Verwüstung in Port-au-Prince nach dem Erdbeben, 2010

▲ Luftbild von Canaan, 2016

Am Fuß der Mornes du Pensez-y-Bien (auch Chaîne des Matheux genannt), einem kargen, von Naturgewalten und Devastierung gezeichneten Bergmassiv 15 Kilometer nördlich der Hauptstadt, entsteht eine neue Stadt. 7 Jahre nach der größten Landnahme Lateinamerikas leben in Canaan mehr als 200 000 Personen, jeden Tag werden es mehr. 2010 war hier auf dem Schwemmkegel des saisonalen Wildflusses Ravine Madaniel ein Flüchtlingslager der Vereinten Nationen (UN) errichtet worden. Infolge der Enteignung eines Territoriums von circa 50 Quadratkilometern entwickelte sich das Hangrutschen, Überflutungen, Sturm und Trockenheit ausgesetzte Canaan in nur 6 Jahren zur sechstgrößten Stadt des Landes. Wurde die illegale Inbesitznahme und das unkontrollierte Siedlungswachstum anfangs seitens lokaler und nationaler Autoritäten abgelehnt, so wurde es bald toleriert, da sich weder der Staat noch die »internationale Gemeinschaft« in der Lage sahen, formellen Wohnungsbau in vergleichbarer Geschwindigkeit schaffen zu können. Der Mangel an Regulierung manifestierte in Canaan, dass allein der illegale Grundstücksmarkt entscheidet, wie gefahrenanfällig die »neue Heimat« ist: Wer auf bezahlbaren Wohnraum angewiesen ist, wohnt in Hochrisikogebieten. Dies gilt jedoch nicht nur für Canaan und informelle Siedlungen. Der Bau der UN-Flüchtlingslager Corail-Cesseles im Einflussgebiet der Ravine Madaniel sowie millionenschwere Neubauprojekte in dem küstennahen Überflutungsgebiet Zoranje zeigen, dass auch staatliche und internationale Planungsinstanzen aufgrund ungeklärter Bodenbesitzstrukturen auf Wohnungsbau in Risikogebieten ausweichen – ohne hierbei an die Begebenheiten angepasste Bauweisen anzuwenden.

Damit sich Fehlentwicklungen wie diese in Zukunft nicht wiederholen, hat sich das transdisziplinäre Forschungsteam zum Ziel gesetzt, für Onaville – die östlichste und am stärksten von Naturkatastrophen bedrohte Nachbarschaft Canaans – landschaftsbasierte Alternativplanungen unter Berücksichtigung der veränderten gesellschaftlichen Begebenheiten vorzulegen.

Ungeplantes Siedeln in den Naturgefahrenzonen von Port-au-Prince, 2013 ▼

Onaville-en-Haut, 2013 ▼

▲
Wellblechhütten und Entwässerungsgräben in tieferen Lagen von Onaville, 2016

▲
Uferbankett der Ravine Madaniel und Steinmetzarbeiten, 2014

Terrassierte Steilhänge und verbaute Abflussrinnen, 2016
▼

## Der Kontext macht den Unterschied: Der Schwemmkegel, die Menschen und ihre Alltagspraktiken

Die sich aus der genannten Zielsetzung ergebenden Fragen beziehen sich vor allem darauf, wie landschafts- und nachbarschaftsbasierte Planungsstrategien überhaupt aussehen können: Ist es möglich, in Onaville und Canaan zu einer kontextuell angepassten Stadtplanung zu gelangen, indem die jeweilige Kulturlandschaft, natürliche Prozesse und der »selbstbauende Mensch« nicht länger ignoriert werden? Wäre es vielmehr möglich, auf der Basis intensiver Grundlagenforschung und sensibel abgestimmter Planungseingriffe sowie bei Gefahren- und Potenzialvermittlung anzusetzen? Könnten so unkontrollierbare Urbanisierungstendenzen in Canaan in einem gewissen Maß gelenkt und die Verwundbarkeit der Menschen und ihrer Stadt gegenüber Naturkatastrophen reduziert werden?

Bereits Mitte des 18. Jahrhunderts galt das Gebiet des heutigen Canaan bis auf wenige Gunstlagen, auf denen Zuckerrohr, Indigo und Sisal angebaut wurde, als wildes, unzugängliches Terrain *(pays inabordable)* – geprägt von den steinigen, unfruchtbaren, in Tierzucht und Köhlerei bewirtschafteten Steilhängen der Montagne du Pensez-y-Bien und den Überschwemmungsgebieten der Rivière Boucan Brouc. Heute leben in Onaville auf dem ungefähr 9 Quadratkilometer großen Schwemmkegel der Ravine Madaniel und in angrenzenden Steilhanglagen mehr als 10 000 Menschen. Bis heute wird das meist trockene Flussbett der Madaniel als Infrastruktur genutzt. TapTaps – zu Kleinbussen umgerüstete Pick-ups – befahren es, um Menschen und ihre Habseligkeiten in höher gelegene Nachbarschaften zu transportieren; Lkw schaffen Baumaterial aus illegalen Steinbrüchen hinunter nach Canaan, während Bewohner in den saisonalen Wildbächen ihre

Notdurft verrichten, diese als »selbstreinigende« Mülldeponien nutzend. Das Geröll der Ravines dient Steinmetzen als Ressource: In kurzen, kräftigen Hammerschlägen verarbeiten sie es zu Baumaterialien verschiedener Körnung, die sie weiterverkaufen. Steile Hänge werden von Hand mit der Hacke für das Eigenheim terrassiert; doch durch die Verletzung der Grasnarbe steigt das Hangrutsch- und Erosionsrisiko. Wieder andere bauen direkt in Abflussrinnen.

Die Vulnerabilität der Menschen steigt mit der wachsenden Zahl an Neuankömmlingen: Den meisten Neusiedlern fehlt die Kenntnis des Territoriums und seiner Gefahren; von anderen werden Naturgefahren als vom Zufall bestimmtes, seltenes Übel in Kauf genommen, da sie sich Gunstlagen nicht leisten können.

Wie die Geschichten von Edali, Pierre und Alexis verdeutlichen, lässt das alltägliche Ringen um eine ausreichende Versorgung mit Wasser, Nahrung, Arbeit und Bildung wenig Platz für Vorsorgemaßnahmen. Edali und Pierre sind Teil der ersten Siedlungswelle. Pierre (74 Jahre, Lkw-Fahrer ohne Job) und seine Frau Edali (64 Jahre, Hausfrau) leben mit ihrem 22-jährigen, in Port-au-Prince studierenden Sohn auf 17 Quadratmetern einer von der Hilfsorganisation TECHO bereitgestellten Notunterkunft. Als das Erdbeben 2010 ihre Mietwohnung in Pétionville zerstört, flüchtet die Familie nach Onaville und erwirbt »für wenig Geld« eine kleine Parzelle von einem der Komitees, die den illegalen Bodenhandel betreiben. Mit den Zeltplanen, die der Familie nach dem Erdbeben als Behausung dienten, dichten sie ihre Hütte gegen Wind ab, andere Planen werden zu einem Zaun und einer Kochhütte recycelt, ein Nutzgarten wird angelegt. Trink- und Nutzwasser muss – wie von allen Bewohnern Onavilles – in Eimern *(bokits)* an privat betriebenen, von Tanklastern belieferten Wasserkiosken teuer gekauft werden. Eine Latrine in der näheren Umgebung teilt man sich mit drei weiteren Familien.

Anders als Edali und Pierre kann sich Alexis keine Parzelle auf ungefährdetem Terrain leisten. Als Alexis nach der Zerstörung seines Hauses in Delmas nach Onaville zieht, erwirbt er aufgrund steigender Grundstückspreise und mangelnder Finanzierungsmöglichkeiten eine winzige Parzelle im Hangrutsch- und Hurrikan-gefährdeten Osthang. Er terrassiert seine Parzelle und errichtet auf ihr seine armselige Hütte aus Holz und Planen. 7 Jahre nach dem Erdbeben hat Alexis noch immer keine Hilfe erreicht.

Beide Schicksale verdeutlichen, wie stark omnipräsente Arbeitslosigkeit, finanzielle Knappheit und Unsicherheit die Lebensrealität der Bevölkerung dominiert – eine TECHO-Umfrage ergab in Onaville 2012 eine Erwachsenen-Arbeitslosenquote von fast 90 Prozent. Dies und prekäre Arbeitsverhältnisse führen dazu, dass Familien meist mit 1,50 bis 3,00 Euro am Tag haushalten müssen. Ein Großteil davon wird für Wasser, Essen und Transport aufgewendet.

## Studierende als unterstützende Planer einer Entwicklung von unten

In den vergangenen 5 Jahren haben die Ortsanalysen der Forschungsgruppe »Urban Strategies for Onaville« hydrogeografische und sozialräumliche Zusammenhänge für diese Nachbarschaft erarbeitet. Zu diesem Zweck kooperierten die Studierenden mit Volontären der gemeinnützigen Jugendorganisation TECHO Haïti und mit Bewohnern in Onaville. Dabei stand im Vordergrund herauszufinden, wie kommunizierbare Beschreibungen der Naturgefahren durch einen iterativen Prozess, bestehend aus Denken, Handeln und Reflektieren, in einfache Konzepte und Verbesserungsstrategien für die neue Stadt und ihre Umwelt münden können. Anders als bei der »Helikopterplanung« durch staatliche und internationale Organisationen lag der Fokus auf der Unterstützung einer »Entwicklung von unten«. Dies bedeutete auch, gewohnte Forschungsmethoden über Bord zu werfen.

Bei der Vorstellung einer von Studierenden der Umweltingenieurwissenschaften generierten Überflutungsrisikomodellierung wurde deutlich, dass für eine Sensibilisierung unterschiedliche Kommunikationsformen und Maßnahmen genutzt werden müssen. Im Fall von Experten genügte eine Konfrontation mit der Modellierungsmethode sowie mit den wichtigsten Fakten und Flutrisikokarten. Um denselben Inhalt in Onaville einer Gruppe von Führungspersönlichkeiten, interessierten Bewohnern und TECHO-Volontären zugänglich zu machen, mussten hingegen Kommunikationsmittel wie Pläne, Karten und Diagramme in eine für Laien und Analphabeten verständliche Art der Darstellung übersetzt und Workshops entwickelt werden.

◂ Alexis' Hütte, 2016

Alexis mit seinem Radio als wichtigster Informationsquelle, 2016

Daraufhin wurde die Feldarbeit der Studierenden so ausgerichtet, dass in Ortsbegehungen und Nachbarschaftstreffen gemeinsam mit Bewohnern angewandtes Wissen zu Naturgefahren und Vermeidungsstrategien erarbeitet werden konnte. Hierdurch wurde die Notwenigkeit einer lokalen Sensibilisierungskampagne und eines Katastrophen-Frühwarnnetzwerkes deutlich.

Beide Aktivitäten konnten 2014 durch Studierende in die Wege geleitet und von einer lokalen Fokusgruppe durch Aufklärung von zweihundert von Naturgefahren bedrohten Haushalten fortgeführt werden.

Um dem Verlust kontextuellen Wissens entgegenzuwirken und Selbsthilfe zu fördern, wurden die lokalen Akteure darüber hinaus mit Akteuren auf nationaler Ebene vernetzt. Zurück in Deutschland konnte die Überflutungsstudie auf der Grundlage präziserer digitaler Geländedaten überarbeitet und um die Komponenten ingenieurstechnischer, agroforstlicher und

Studierende kooperieren mit Bewohnern und TECHO-Volontären, 2014

Diskussion der Naturgefahren vor Ort, 2014

Sensibilisierungskampagne der Fokusgruppe, 2014

Ausarbeitung eines Notfallplans, 2014

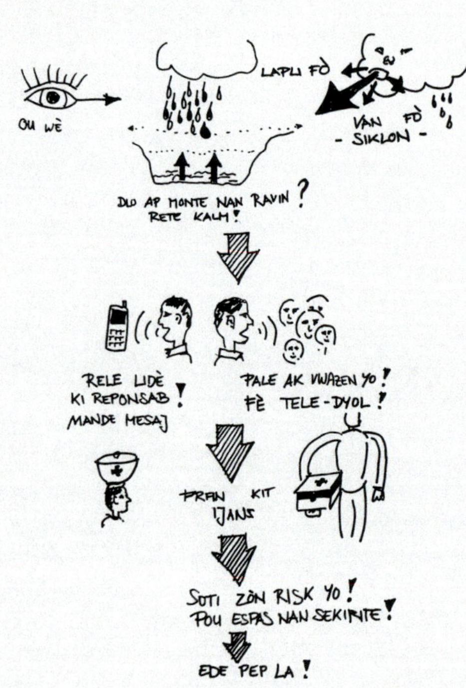


landschaftsarchitektonischer Präventionsstrategien ergänzt werden. Seither konnte das nachbarschaftlich organisierte Frühwarnnetzwerk mehrfach seine Wichtigkeit beweisen: Freiwillige aktivierten im Oktober 2016 die Bewohner Onavilles und Canaans, um frühzeitig notwendige Notfallvorkehrungen für das Eintreffen des Hurrikans Matthew zu treffen. Matthew sollte sich als der stärkste tropische Wirbelsturm herausstellen, der Haiti seit über 50 Jahren traf, und sollte weite Landesteile im Südwesten und Nordwesten verwüsten.

## Landschaftsbasiertes Planungswissen für eine nachhaltigere Entwicklung

Dass diese Art von Grundlagenforschung und Strategiefindung in transdisziplinärer Feld- und Laborarbeit notwendig und gefragt ist, wird an anderer Stelle deutlich: Erhebungen der Masterstudierenden wurden 2016 als Planungsgrundlage für das 14 Millionen Dollar schwere »Canaan Upgrading and Community Development«-Programm verwendet. Inwieweit das Pilotprojekt, dessen Fokusgebiet außerhalb Onavilles liegt, imstande sein wird, integriertes Naturgefahrenmanagement sowie präventive Schutz- und Entwicklungsstrategien umzusetzen, scheint angesichts der Siedlungsgröße Canaans und der Laufzeit von nur 2 Jahren fraglich.

Canaan hat das Potenzial, die kurz vor dem Versorgungs- und Verkehrsinfarkt stehende Hauptstadt zu entlasten. Aus gesamträumlicher Perspektive gesehen, bieten weite Teile des Landschaftsraumes gute Voraussetzungen für eine zukunftsfähige Stadtentwicklung: Die Naturgefährdung ist in gemäßigten Hanglagen und in weiten Teilen des Schwemmkegels von Onaville geringer als in den Steilhängen von Port-au-Prince oder in der von Tsunamis und Fluten gefährdeten

Ein in Eigeninitiative gestalteter öffentlicher Platz, 2013

Tieflandebene Cul-de-Sac. Um auf die dringendsten Bedürfnisse der Menschen zu reagieren, müssen daher in konzertierter Aktion zeitnah stabilere Erwerbsmöglichkeiten gefördert und öffentliche Versorgungseinrichtungen ausgebaut werden. Um Canaan lebenswerter und widerstandsfähiger gegenüber Naturkatastrophen zu gestalten, müssen dabei jedoch zusätzlich auf Basis der Fähigkeiten der Bewohner und ihrer lokalen Handlungspraktiken angepasste Landnutzungskonzepte und Antizipationsstrategien entwickelt werden.

Schon heute machen die Bewohner Onavilles vor, wie diese neue Stadtlandschaft aussehen könnte: In den letzten Jahren pflanzten sie Tausende Bäume auf neuen, öffentlichen Plätzen und in Privatgärten. Ob gemeinschaftliche Wiederbepflanzung auch außerhalb strenger nachbarschaftlicher Kontrolle eine erfolgreiche Strategie für die Reparatur und Nutzbarmachung degradierter Hänge und Wassereinzugsgebiete sein kann, muss natürlich offenbleiben. Trotzdem erscheinen der gemeinschaftliche, von öffentlicher Hand und privaten Akteuren unterstützte Schutz von Naturgefahrenräumen durch Inwertsetzung als einzige Erfolg versprechende Strategie, wenn Bewohner der neuen Stadt und ihre individuellen und kollektiven Interessen intensiv einbezogen werden.

Genau hier kann und muss nach Auffassung der Forschungsgruppe akademische Arbeit aufgrund ihrer relativen Freiheit von finanzieller und politischer Opportunität ansetzen: Komplexe Zusammenhänge müssen dechiffriert und neue Werkzeuge, Methoden und Strategien entwickelt werden. Schutzkonzepte, Verdichtungs- und Konsolidierungsstrategien müssen entworfen und ausgehandelt werden, damit Hausgärten und gemeinschaftlich genutzte Freiräume auch in einer konsolidierenden Stadt eine Perspektive haben können, ohne sofort dem Grundstücksmarkt geopfert zu werden. Diesen Urbanisierungstendenzen sowie ihren Auswirkungen auf Mensch und Umwelt müssen in Canaan mögliche Alternativen einer kontextuell angepassten, lebenswerten Stadtlandschaftsentwicklung entgegengesetzt werden. Die entstehenden positiven Zukunftsentwürfe und -visionen können im Gegenzug wieder mit

Bewohnern wie auch lokalen und nationalen Akteuren diskutiert werden. Daher arbeitet an dieser Zukunft bereits die nächste Generation Studierender. Denn viele Bewohner in Onaville teilen einen Wunsch: Sie suchen ein besseres Leben in der Stadt – mit eigenem Heim und Garten.

Da all dies viel Zeit, Kontinuität und langfristiger Kooperation mit lokalen Akteuren bedarf – in unserem Fall mit Graswurzelorganisationen wie TECHO Haïti –, können Aufgaben in diesem Ausmaß wohl nur von Universitäten geleistet werden. Angesichts zunehmender lokaler und globaler Migrationsbewegungen, die durch Klimawandel, Kriege, Katastrophen und strukturelle Armut verursacht werden, wird der konstruktive und ortsspezifische Umgang mit komplexen Phänomenen geplanter und ungeplanter Stadt auch in Europa und Deutschland zu einem Thema von zunehmender Bedeutung werden. Das Beispiel der informell organisierten Forschungsgruppe »Urban Strategies for Onaville« zeigt, dass Studierende durch inter- und transdisziplinäre Zusammenarbeit und großes persönliches Engagement auch ohne finanzielle Unterstützung durchaus wichtige und notwendige Beiträge zu realen Projekten und zur gesellschaftlichen Diskussion liefern können.

Projektangaben

**Projekttitel**
Canaan, Haiti
Neue Stadt der Hoffnung

**Projektteam**
Prof. Dipl.-Ing. Regine Keller, M. Sc. Johann-Christian Hannemann (Lehrstuhl für Landschaftsarchitektur und öffentlichen Raum, TUM); Prof. Dipl.-Ing. Christian Werthmann (TUM-IAS Hans Fischer Senior Fellow/Leibniz Universität Hannover); Dr.-Ing. Wolfgang Rieger (Lehrstuhl für Hydrologie und Flussgebietsmanagement, TUM); Prof. Dr. rer. nat. habil. Brigitte Helmreich (Lehrstuhl für Siedlungswasserwirtschaft, TUM); Dr.-Ing. Franz Zunic (Lehrstuhl für Wasserbau und Wasserwirtschaft, TUM); Prof. Dr. Dr. Michael Weber (Lehrstuhl für Waldbau, TUM); Prof. Dipl. arch. ETH Mark Michaeli (Lehrstuhl für Sustainable Urbanism, TUM)

**Auftraggeber/Fördergeber**
DAAD-PROMOS, TUM-Entwicklungszusammenarbeit

**Kooperationspartner**
Prof. Dipl.-Ing. Christian Werthmann (TUM-IAS Hans Fischer Senior Fellow/Leibniz Universität Hannover); TECHO Haïti; Arbeitskreise Haut-Onaville & Bas-Onaville; Viva Rio Haiti; ONU Habitat Haiti; Potentiel3.0 & Communauté OpenStreetMap Haïti; IOM; DroneAdventures; DLR

**Studierende**
Bjarne Bächle, María Alejandra Casanova, Raphaela Guin, Johann-Christian Hannemann, Valentin Heimhuber, Ines Hoffmann, Gökce Iyicil, Sean Kerwin, Wolfgang Krötzinger, Nelly Puren

**Laufzeit**
10/2012 – heute

# Gerardo Gazmuri

# Partizipationserfahrungen in Haiti

Nachdem ich einige Erfahrungen mit sozialen Projekten in Chile gesammelt hatte, bewarb ich mich 2012 als ehrenamtlicher Architekt bei der Organisation América Solidaria, die sich für die Überwindung der Armut in mehreren Ländern Lateinamerikas und der Karibik einsetzt. Bei dem gemeinsam mit CARE International in Haiti durchgeführten Projekt ging es um die Leitung der Bauaufsichtsmaßnahmen und der Arbeiterschulungen beim Wiederaufbau von Wohnungen in der nahe Port-au-Prince gelegenen Stadt Carrefour, die stark vom Erdbeben im Januar 2010 betroffen gewesen war.

Damals befand ich mich in einem völlig anderen Land als dem meinen, mit einer anderen Kultur, einer anderen Sprache und anderen Lebensrhythmen. Es bedurfte eines gewissen Einfühlungsvermögens, um mit dieser Realität zurechtzukommen. Als Architekten können wir beispielsweise definieren, wie ein Projekt zum Wiederaufbau von Wohnungen nach einem Erdbeben verläuft. Für mich als Chilenen ist es normal, von Erdbeben und Wiederaufbau zu sprechen, denn ich komme aus einem Land, das ständig Naturkatastrophen aller Art erlebt. In Situationen jedoch, in denen besonders schnelle Lösungen gefordert sind, bleiben viele weitere Aspekte unberücksichtigt, sodass die Gefahr besteht, dass die Initiativen scheitern und die Lage sich noch verschlimmert. Oft herrscht Unkenntnis darüber, wie die Menschen leben und wie sie das Gebiet bewohnen – gleichwohl gibt dies aber den Ausschlag dafür, ob ein Projekt erfolgreich sein wird oder nicht.

Nachdem ich ein Jahr lang die kreolische Sprache gelernt und täglich mit den betroffenen Familien gesprochen hatte, um deren Geschichten zu erfahren und das Land kennenzulernen, während ich gleichzeitig die Wiederaufbauprojekte durchführte, erlangte ich eine klarere Sicht auf die Lage und begriff dadurch, worin meine Rolle als Architekt in Haiti bestand.

Programm zur Schulung von 250 Frauen in Carrefour im Maurer- und Installateurshandwerk, 2013

Übergabe einer Notbehausung in Cabaret, Ouest. Der Wohnbau mit einer Grundfläche von 18 Quadratmetern wird in Schnellbauweise aus Leichtmaterial hergestellt, 2014

Participatory Rural Appraisal in La Digue. Beratungs- und Interaktionsprozess mit der Gemeinschaft mithilfe von Fokusgruppen, 2014

Bau der Bibliothek in Royal. Ein »Konbit« ist ein Prozess, durch Beitrag aller Mitglieder der Gemeinde ein gemeinsames Ziel zu erreichen, 2014

Einweihung der Bibliothek in Royal, 2014

Vier Jahre waren seit dem Erdbeben bereits vergangen, und viele an der internationalen Zusammenarbeit beteiligte Organisationen (auch die unsere) betrachteten Haiti noch immer als ein Land im Katastrophenzustand. Die Regierung bat jedoch die Organisationen, von der Nothilfe zu einer Phase der Entwicklung überzugehen und setzte damit Impulse sowohl für mittel- und langfristige Initiativen und Investitionen als auch für nachhaltige Lösungen.

Zu dieser Zeit, im Jahr 2014, hatte ich mein freiwilliges Berufsjahr bei América Solidaria und CARE Haiti abgeschlossen und nahm meine Arbeit als Leiter der Abteilung Bauwesen bei TECHO auf, einer in 19 lateinamerikanischen und karibischen Ländern vertretenen Organisation, die ebenfalls versucht, durch den gemeinsamen Einsatz von Einwohnern, jungen Freiwilligen – mehrheitlich aus dem eigenen Land – und Professionellen, die für eine gerechtere Gesellschaft zu arbeiten bereit sind, die Armutslage zu überwinden.

TECHO Haïti übergab in der ersten Arbeitsetappe über 2500 Notbehausungen, die, den von der Regierung vorgelegten Leitlinien folgend, Sofortlösungen für die prekären Wohnungsverhältnisse boten. Anschließend wurde die zweite Arbeitsphase in Angriff genommen, die darin bestand, ein auf gemeinschaftliche Entwicklung abzielendes Interventionsmodell zu implementieren und damit die Nachhaltigkeit der Projekte zu sichern.

In dieser Phase rief TECHO in den sechs Kommunen, in denen es vertreten ist (La Digue, La Hatt, Royal, Gariche Prince, Onaville-en-Haut und Onaville-en-Bas), einen runden Tisch ins Leben, bei dem Freiwillige und lokale Führungskräfte die turnusmäßigen Instanzen der Organisation und Beteiligung koordinieren. Dabei wurden Kapazitäten ermittelt, Hilfsnetzwerke ausgeweitet und das soziale Kapital gesteigert, während gemeinsam mit den Anwohnern die Verwaltung nachhaltiger

Projekte von individuellem und kollektivem Interesse vorangetrieben wurde.

Die von TECHO verfolgte Auffassung und meine früheren Erfahrungen ließen mich verstehen, wie bedeutsam »Partizipation« im Bereich der Architektur als ein Instrument ist, um die Armut zu überwinden und soziale Veränderungen anzustoßen. Bei TECHO Haïti erwies es sich für uns als unverzichtbar, ein »Participatory Rural Appraisal« (PRA) einzurichten, das hauptsächlich darauf zielt, die Selbstbestimmung der Kommune durch »interaktive Partizipation« in allen Phasen eines Vorhabens zu unterstützen. Um dieses Beteiligungsniveau zu erreichen, mussten alle Akteure des Projekts – Männer, Frauen wie Kinder – einbezogen werden. Mit ihrer und der Hilfe verschiedener Techniken und Instrumentarien konnten die Kommunen die Mängel ihrer gemeinschaftlichen Infrastrukturen selbst analysieren und auf Basis dessen die Planung und Entwicklung hinsichtlich einer nachhaltigen Projektgestaltung einleiten.

Durch das PRA hat TECHO in den Kommunen, in denen die Organisation arbeitet, ausgeprägte Mängel an öffentlicher Infrastruktur erkannt, was dem Zusammenleben schadet, die Möglichkeiten der Freizeitgestaltung beschränkt und die Festigung einer gemeinschaftlichen Identität behindert – Dinge, die mittels geeigneter Infrastruktur ausgebaut werden könnten.

Das Programm für kommunale Infrastruktur von TECHO Haïti bildet daher eine Antwort auf diese Mängel und bietet den Kommunen die Möglichkeit, mit der Hilfe von Fachleuten Bauvorhaben zu entwickeln, die nicht nur eines oder mehrere Bedürfnisse innerhalb der Gemeinschaft befriedigen, sondern auch die nachbarschaftliche Beteiligung, den sozialen Zusammenhalt und die gemeinschaftliche Aneignung beleben. Als Beispiel lässt sich der Bau einer kleinen Bibliothek in der Gemeinde Royal im Jahr 2014 nennen, einer ländlichen Kommune mit rund 300 Einwohnern, 25 Kilometer von Port-au-Prince entfernt, deren Architektur partizipativ entworfen wurde. Einträchtig arbeitete hier die gesamte Gemeinschaft an der Erreichung ihrer selbst gesteckten Ziele. Jeder übernahm eine Rolle in dem Projekt: Manche beteiligten sich an den Bauarbeiten, andere bereiteten Mahlzeiten zu, Kinder und Jugendliche transportierten Materialien oder betätigten sich in der Bildung – eine Zusammenarbeit, die traditionell »Konbit« genannt wird.

Auf diese Weise konnten wir verschiedene Vorhaben erfolgreich durchführen, etwa den Bau der besagten Bibliothek in Royal, die Anlage öffentlicher Plätze in Gariché Prince und La Hatt, die Einrichtung öffentlicher Beleuchtung und Beschilderung in Onaville, Elementarschulen in La Digue und Gariché Prince sowie mehrere soziale und Bildungsprogramme, die allen diesen Projekten Nachhaltigkeit verleihen.

Heute sehe ich mit Stolz auf die Projekte, die anhand dieser Diagnosemethode und durch das Empowerment der Gemeinden, ihre eigenen Träume zu verwirklichen, in Zusammenarbeit mit TECHO zustande gekommen sind.

Einweihung der Grundschule in La Digue, 2014

Freiwillige bei einer Wohnungsbaukampagne in Cabaret, 2014

# Jörg Rekittke

# Bali

## 5 Bali, Indonesien
## Wo 12 Millionen Menschen Bewässerung zu Abwasser verwandeln

Bali, Indonesien, gilt als »Hawaii des Indischen Ozeans« und wird gerne als Premium-Destination für frisch verheiratete Paare in den Flitterwochen vermarktet. Die vermeintliche Trauminsel ist, so viel sei bereits verraten – aus Sicht des Umweltschutzes, des Städtebaus und der Landschaftsarchitektur – ein ökologischer Alptraum. Um dies ohne moralischen Zeigefinger, auf fachlich fundierte Weise und mittels nüchternem Außenblick sichtbar machen sowie mögliche Konsequenzen aufzeigen zu können, widmeten wir, Lehrende und Studierende im Masterstudiengang Landschaftsarchitektur der National University of Singapore, Bali, ein akademisches Studio, eine Expedition – und nun einen Teil unseres Münchner Ausstellungsbeitrags. Als Titel unseres Studios wählten wir »Bottomless Bali«, als Untertitel fügten wir hinzu »A research expedition to an endless city without infrastructure«. Wir kannten die extremen Umweltprobleme des boomenden Südostasien bereits aus zahlreichen Projekten und Fieldwork-Einsätzen, hatten uns mehrere Jahre in Folge der Megacity Jakarta gewidmet und wollten nun überprüfen, ob auch die sich schnell urbanisierende Vorzeigeinsel Bali – optisch das perfekte Gegenteil Jakartas – zu jenen Beispielen zu zählen ist, die durch das nahezu vollkommene Fehlen von Abwasser- und sonstiger umweltrelevanter urbaner Infrastruktur gekennzeichnet sind.

◀ Von den Bergen bis in die Küstenebenen: Balis Reisterrassen – hier in Canggu – mit ihrem kunstvollen Bewässerungssystem. Das Touristenidyll trügt, denn die schöne Landschaft wird durch knochenharte Arbeit von Farmern geschaffen, 2015

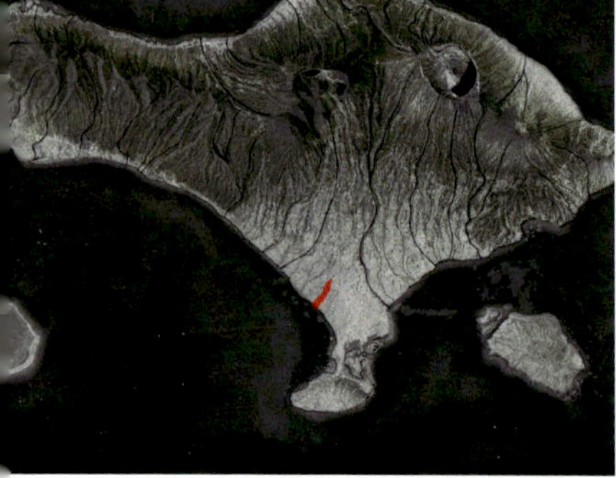

▲

Lage der Insel Bali in der Balisee, Indonesien. Links im Bild ist der Ostrand Javas, am rechten Bildrand die Westspitze der Insel Lombok zu sehen. Rot markiert ist Canggu, unser näheres Untersuchungsgebiet, 2015

▲

Neusiedler im Anmarsch. Das Durch-die-Landschaft-Schieben des eigenen Gasgrills ist unerlässlich, wenn das importierte Steak für die Grillparty mit den importierten Freunden exakt so schmecken soll wie in Singapur, Sydney oder Stuttgart, 2015

▲

Wir erscheinen uneingeladen und sind nicht unbedingt willkommen. Philip Paar (li.) und Jörg Rekittke (re.) mit Kameradrohnenkoffern auf dem Rückweg vom Ecco Beach. Der Blick des athletischen »Surfer Dude« bedarf keines Kommentars, 2015

Die Bevölkerung Balis besteht aus derzeit 4,3 Millionen Menschen. Jedes Jahr besuchen schätzungsweise 3 Millionen Indonesier und um die 5 Millionen ausländische Touristen die Insel, Tendenz steigend. Bali liegt im Malaiischen Archipel – ein guter Grund für uns, unsere Arbeit mit der Lektüre des Buches *The Malay Archipelago: The Land of the Orang-Utan and the Bird of Paradise* von Alfred Russel Wallace (1823–1913), dem britischen Naturforscher, Forschungsreisenden, Geografen, Anthropologen und Biologen, zu beginnen. Sein Name ist bis heute bekannt, denn er entwickelte eine eigene, auf natürlicher Selektion basierende Evolutionstheorie. Sein wissenschaftlicher Aufsatz zu diesem Thema wurde im Jahr 1858 gemeinsam mit einigen Schriften Charles Darwins veröffentlicht, was wiederum Darwin dazu anspornte, seine eigenen Gedanken als Buch – *On the Origin of Species* (1859) – zu publizieren. Wallace unternahm umfangreiche Reisen im Malaiischen Archipel, wo er unter anderem die nach ihm benannte Wallace-Linie identifizierte, jene biogeografische Grenze bezeichnend, welche die weiteste Ausbreitung australischer Fauna auf dem Malaiischen Archipel markiert. Das westlich der Linie gelegene Gebiet wird durch die Tierwelt asiatischen Ursprungs geprägt. Wallace war zweifellos ein großer Forscher, doch zur Finanzierung seiner Reisen trug sein privater Handel mit Tierpräparaten bei, was sich in exzessivem Abschießen von Vögeln, Orang-Utans und anderen Spezies sowie in massenhaftem Aufpieksen von Insekten manifestierte. Mitunter schoss er so wild um sich, dass er anschließend vom vollkommenen Fehlen einzelner Arten in seinem Wirkungsbereich berichtete.

Im Kontrast zum ansonsten mehrheitlich muslimischen Indonesien besitzt Bali eine Bevölkerungsmehrheit, die sich zur Hindu-Dharma-Religion bekennt, der balinesischen Form des Hinduismus, welcher im 8. und 9. Jahrhundert seinen Weg auf die Insel fand. Die Balinesen begreifen das Eiland als dreigeteilten, aus übereinanderliegenden Sphären bestehenden Makrokosmos. Die Gipfel der Berge sowie alles darüber bilden das Reich der Götter. Im Untergrund findet sich das Reich der dunklen Mächte und Dämonen. Dazwischen liegt die Sphäre des Menschen. Diese religiös-kulturelle Systematik spiegelt sich auch in der agrikulturellen Organisation Balis wieder. Schon Wallace zeigte sich von der Schönheit und Kultiviertheit der Insel überwältigt und ließ sich in seinem Buch dazu hinreißen, Balis ausgedehnte und üppige Reisfelder mit ihrem kunstvollen Bewässerungssystem jenen »bestkultivierten« Gegenden Europas gleichzusetzen, auf die man als Europäer damals stolz war. In Bali begleiten und kennzeichnen Tempel verschiedener Hierarchiestufen – die räumliche Nähe zum Reich der Götter definiert Größe und Wichtigkeit der Tempel – das kollektive Bewässerungsregime. Dieses wird traditionell in Form von Subak, Gemeinschaften zur Unterhaltung des Bewässerungssystems bestellter Reisfeldterrassen, organisiert. Innerhalb eines Subak treffen sich die Farmer in regelmäßigem Abstand am wichtigsten Punkt ihres Bewässerungsabschnitts und besprechen Pläne und Probleme. Dort steht auch ein Tempel. Wo moderne Zeiten nicht bereits Lücken gerissen haben, kontrollieren auch heute noch Priester und Farmer gemeinsam den Wasserfluss und die Wassermengen in den Reisfeldern des inselweiten Subak-Systems. Die Logik einer solchen hochkomplexen Wasser- beziehungsweise Reiskultur ist bestechend – Wasser kennt nur eine natürliche Fließrichtung. Die kunstvolle Schaffung der dazu nötigen wasserbautechnischen Infrastruktur und die vollständige Umwandlung der natürlichen Landschaft von Menschenhand kann sich der faszinierte Betrachter jedoch nur sehr schwer vorstellen. Balis Flüsse entspringen in den Bergen, dem Reich der Götter, und werden mittels Wehren in das ausgeklügelte Bewässerungssystem kanalisiert, das

▲

Die mit einer Kameradrohne gemachten Luftaufnahmen zeigen deutlich, wie Villas, Apartments und gechlorte Pools die traditionelle Kulturlandschaft Canggus eliminieren, 2015

▲

Und dann wird, hurtig – Haus für Haus – in den Reisterrassenschlamm gestanzt. Direkt in den Matsch, ohne jegliche Form der Schaffung urbaner Infrastruktur, die dem Zweck einer geregelten Abwasserentsorgung oder eines zeitgemäßen Umweltschutzes dienen könnte

▼

Das neue Bali: Westlich, sportlich, solvent, 2015

Reich der Menschen durchziehend. Die Hauptbewässerungskanäle erstrecken sich entlang der Scheitel der jeweiligen Geländeabschnitte, zumeist der Lage der Straßen entsprechend, an deren linker und rechter Seite sie angeordnet sind. Diese Typologie führt zu einem gängigen Irrtum unter allen Nichtfarmern. Sie glauben, verschmutzte Abwassergräben vor sich zu haben anstatt saubere Bewässerungskanäle. In der nächsten Hierarchiestufe wird das Wasser in die Reisterrassen geleitet, wo es langsam bergab fließt und am niedrigsten Punkt wieder von den Flüssen aufgenommen wird. Die Flüsse münden in den Ozean, in dem sich dunkle Mächte und Dämonen tummeln. Die Dorfbewohner, traditionell Reisfarmer, halten sich weitgehend fern vom Meer. Gelegentlich werden hinduistische Rituale am Strand vollzogen, auch alte Friedhöfe finden sich dort. Die Toten sind auf der Reise in die Tiefe. Kulturell bedingt entsteht ein Bereich entlang der Küsten, der – aus nichthinduistischer Perspektive – ein gewisses Nutzungsvakuum darstellt und deshalb von der Tourismusindustrie im Sturm erobert werden konnte – ohne nennenswerten Widerstand.

Touristen glauben nicht an Dämonen, sie surfen auf den Wellen des warmen Ozeans. Auch die wie zu Urzeiten hart arbeitenden Reisfarmer werden von ihnen kaum wahrgenommen. Was interessiert, sind die optisch unschlagbar schönen Reisterrassen, welche die Farmer bewirtschaften. Die intakte, landwirtschaftlich geprägte Landschaft erlebt derzeit eine regelrechte Invasion von Besuchern und Siedlern. Bereits zu kolonialen Zeiten wurde Bali als exotisches Paradies angepriesen. Das verheerendste, was der Insel jemals widerfuhr, war jedoch der Kinostart des peinlichen Films *Eat, Pray, Love* (2010), mit Julia Roberts in der Hauptrolle. Seitdem wird Bali von Menschenmassen internationaler Provenienz überrollt, die ihre bildungsbürgerliche Midlife-Crisis weitgehend durch Surfen, Saufen, Motorradfahren und Yoga zu stabilisieren suchen. Keiner von ihnen hat die Absicht Schaden anzurichten. Man gibt sich kulturell interessiert – nicht wenige leben in der Annahme, dass Bali (anstatt einer hinduistischen) eine buddhistische Kultur darstellt, was irgendwie auch besser ins globale Yin-und-Yang-Asien-Klischee passt. Gesunder Lebensstil ist angesagt, und irgendjemand muss ja schließlich mit seinem Geld die Welt retten. Es wird in den Bau von Immobilien investiert, sowohl der lokale als auch der internationale Investor möchte ein Stück des vermeintlichen Paradieses besitzen und bebauen. Dominiert wird der Bauboom von Villen, Apartments, Hotels, Surfshops, Yogazentren, plus einer unendlichen Zahl von Swimmingpools. Um diese ungezügelte Urbanisierungsdynamik studieren zu können, wählten wir als Expeditionsziel den Ort Canggu, ein küstennahes Dorf nördlich des urbanen und vollständig dem Tourismus unterworfenen Seminyak, südlich des bekannten Tanah Lot. Canggu steht außerdem für einen etwa 8 Kilometer langen Küstenstreifen, der im Süden von dem Dorf Berawa, im Norden von dem Dorf Cemagi begrenzt wird und innerhalb dessen prominente

Surfspots wie der Ecco Beach gelegen sind. Canggu boomt und lässt sich derzeit wie ein offenes Buch der ungehemmten Schnellst-Urbanisierug lesen. Dies taten wir, hierbei unserem akademischen Credo folgend, forschende Arbeit zu verrichten, ohne unbedingt aufgefordert, beauftragt oder eingeladen worden zu sein. Ein Blick auf die jüngere Siedlungsentwicklung Canggus zeigt, dass es noch bis Mitte der 1990er-Jahre ein nahezu reines Bauerndorf war. Im Jahr 2002 findet man erste Villen und andere touristische Unterkunftsformen – jenem Jahr, in denen die fatalen »Bali Bombings«, ein terroristischer Bombenanschlag, zu einer kurzzeitigen Bremsung des Tourismusbooms führten.

2009 ließ sich in Canggu nahezu ein 50:50-Verhältnis zwischen Einheimischen und Fremden ausmachen, im Jahr 2015, unserem Expeditionsjahr, hatten die globalen Zugvögel längst übernommen. Es findet sich kaum noch ein Reisfeld, auf dem nicht ein Verkaufszeichen prangt, die Immobilienmakler feiern eine riesige Party, und im Grunde steht die gesamte Landschaft zum Verkauf. Jedes neue Bauwerk wird so angeordnet, dass es den Wohnzimmer- beziehungsweise Terrassenblick auf die übrig gebliebenen Reisterrassen möglichst perfekt rahmt, auch wenn dies oft nur noch durch die Drehung des gesamten Gebäudes erzielt werden kann. Bald wird auch das letzte Reisfeld Canggus verschwunden, die individuelle optische Illusion nicht mehr herzustellen sein.

Die Grafik soll zeigen, dass die neue Stadtentwicklung (New Bali) ein unabhängiges Abwassersystem benötigt (New Subak), das neu zu bauen wäre und das existierende traditionelle Bewässerungssystem nicht belasten dürfte, 2015

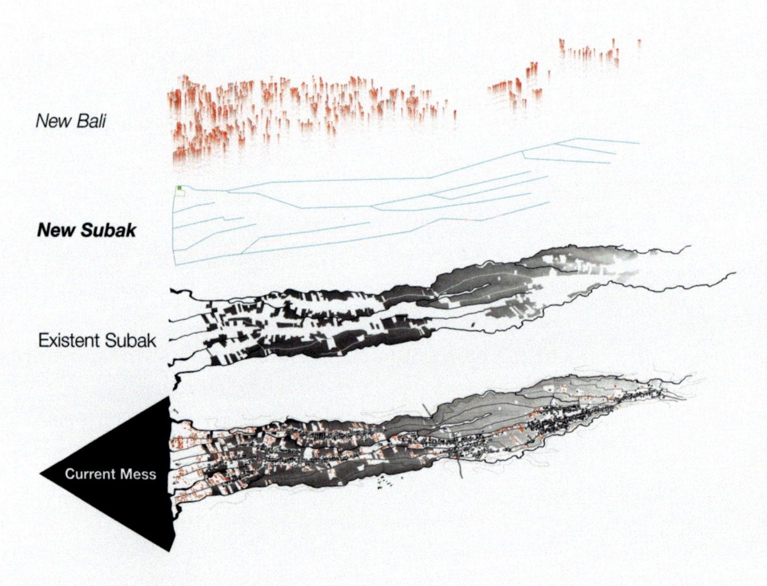

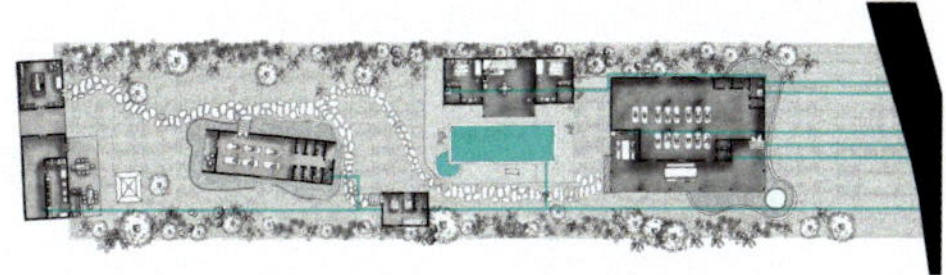

▲

Die Zeichnung dokumentiert ein Yogazentrum in Canggu, dessen gesamtes Abwasser in unbehandelter Form in einen Bewässerungskanal geleitet wird (rechts). Vom Bewässerungskanal aus wird das eingeleitete Abwasser in den umliegenden Reisfeldern verteilt, 2015

Dieses Luxusproblem zu bejammern, überlassen wir anderen. Wir interessieren uns für die Technik und die Konsequenzen der aktuellen Landumwandlung. Sie beginnt mit dem Verkauf und anschließenden Brachfallenlassen eines Reisterrassenabschnitts. Kauft ein Ausländer, kann er das Land bebauen, aber nicht wirklich besitzen. Er benötigt dazu einen lokalen Strohmann. Kein Problem in einem Staat wie Indonesien, wo niemand es wagen würde, die tief verwurzelte Korruption zu leugnen. Als Nächstes wird ein sehr einfacher Bauplan gezeichnet, den auch die mittellosen Wanderarbeiter lesen können müssen, welche die Häuser der wohlhabenden Kundschaft bauen. Und dann wird, hurtig – Haus für Haus – in den Reisterrassenschlamm gestanzt. Direkt in den Matsch, ohne jegliche Form der Schaffung urbaner Infrastruktur, die dem Zweck einer geregelten Abwasserentsorgung oder eines zeitgemäßen Umweltschutzes dienen könnte.

Canggus Siedlungsboom. Satellitenbildkartierung (basierend auf Google-Zeitschiene) der Siedlungsentwicklung, getrennt nach traditionellen Dorfstrukturen (schwarz) und neu gebauten Villen, Hotels und anderen Strukturen für Touristen und Neusiedler (rot), 2015

▼

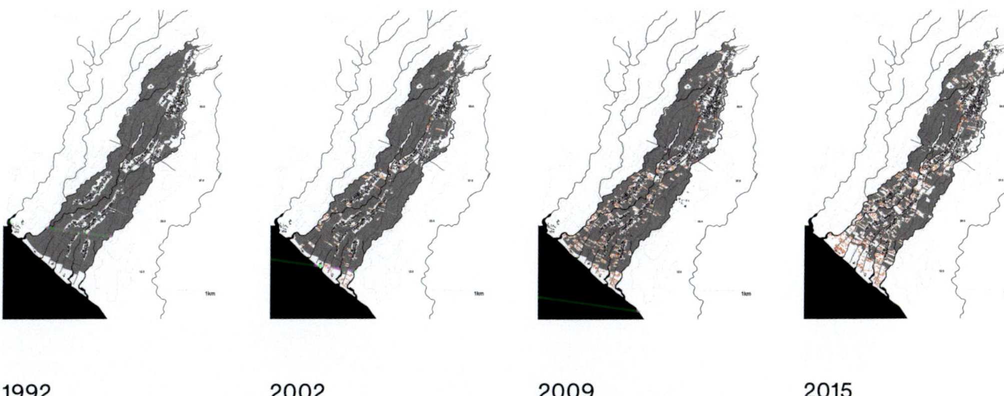


1992 2002 2009 2015

Aufgezeigt sei dieser standardisierte Wahnsinn anhand dreier Beispiele unserer Expeditionsergebnisse. Auf seinen Reisen begann Wallace die Suche nach den jeweiligen Untersuchungs- und Sammelstücken stets in der direkten Umgebung seiner aktuellen Unterkunft. Wir taten es ihm gleich und kehrten zunächst vor unserer eigenen Tür. Auf der Poolterrasse unserer von spanischen Besitzern gebauten 4-Sterne-Apartments genossen wir einen idyllischen Blick auf grüne Reisfelder. Am Fuße dieser Reisterrassen konnten wir die nächste Baustelle einer der unzähligen Apartmentkomplexe – in diesem Fall errichtet von einem australischen Besitzer – in ihrem typischen bautechnischen Ablauf genauestens studieren. Wir sind im Besitz einer Kopie des Ausführungsplans des Projekts. In diesen Plan ist keinerlei Abwassereinrichtung eingezeichnet, und es wurde nach Aussage des Baustellen-Kapo auch nicht gebaut. Auf der Terrassenseite dieser Apartments liegt ein Fluss, in den sowohl das Toilettenabwasser als auch alle Bad- und Küchenabwässer ungeklärt eingeleitet werden. Zurück an unserem Pool, verfolgten wir die Abwasserströme unserer »Luxusunterkunft«. All unsere Abwässer – Fäkalien, Reinigungschemikalien etc. – werden über sichtbare Plastikrohre direkt in die vor uns liegenden Reisterrassen eingeleitet. Dort folgen sie dem Gefälle, bis sie über einen der Flüsse ins Meer gewaschen werden, sofern sie nicht in den Boden und das Grundwasser sickern. Am eindrucksvollsten fanden wir, dass auch das hochgradig gechlorte Abwasser sämtlicher Pools, die wir fanden, direkt in die Reiskulturen und die nächstgelegenen Flüsse eingeleitet wird. Nach diesen ersten Stichproben wussten wir, wonach wir suchen mussten. Alle weiteren Baustellen und Behausungen – wir deckten in Arbeitsteilung den gesamten Bezirk Canggu ab – bestätigten unsere schlimmsten Befürchtungen. Es gibt ein paar Septic Tanks sowie den gut gemeinten Versuch, ein bisschen Müll abzufahren, ansonsten findet alles, was eigentlich in einem städtischen Infrastrukturnetzwerk aufgefangen und umweltgerecht entsorgt werden müsste, seinen Weg in die Landschaft, den Boden, das Grundwasser, die Flüsse und das Meer. In einem gut besuchten, von einem Westler geleiteten Yogazentrum im Dorfgebiet Canggus schauten wir nochmals besonders genau hin. Im Eingangsbereich der vornehmlich von westlicher Kundschaft frequentierten Einrichtung befindet sich ein Laden, der ökologisch korrekt erzeugte Nahrung und »politisch korrekten« lokalen Kaffee vertreibt. Das gesamte Abwasser der Yogagemeinde – Fäkalien, Reinigungschemikalien, das komplette Programm – wird jedoch ungeklärt in einen Bewässerungskanal eingeleitet, von dem aus jener Reis bewässert wird, den die Yoginis und Yogis essen.

Vergegenwärtigt man sich, dass Bali das Abwasser von insgesamt mehr als 12 Millionen Menschen im Jahr verkraften muss, wird deutlich, dass das brillante Bewässerungssystem der Insel kollektiv vergewaltigt und als Abwassersystem missbraucht wird. Wir traten an, dieses Sakrileg aufzuzeigen – beenden können wir es nicht. Unser Studio lieferte keinerlei kurzfristige Entwurfslösung – wie auch –, doch glauben wir zeigen zu können, dass jegliche notwendige Veränderung nicht seitens einer ignoranten und korrupten Verwaltungskaste erwartet werden darf, sondern alleinig durch jene zu bewirken ist, die das Problem verursachen. Zudem sind wir uns sicher, dass unsere forensische Forschungsarbeit zeigt, dass der weitere Missbrauch des Bewässerungssystems nur verhindert werden kann, sofern ein noch zu entwickelndes, neues und vollständig autonomes Abwassernetz gebaut wird, abgekoppelt vom bestehenden landwirtschaftlichen Bewässerungsnetz. Klingt naheliegend und sehr trivial, bedeutet aber gigantische Entwurfsaufgaben in der Zukunft. Wir schlagen vor, eine Art »neuen Subak« – Subak Baru – zu schaffen, mittels dessen nicht die Landwirtschaft bewässert, sondern die wachsende Stadtlandschaft der Massen entwässert wird. An den tiefsten Punkten der jeweiligen neuen Subak-Abschnitte, nahe der Küste, wo die Abwässer der entsprechenden Flächen zusammenlaufen, müssen Klärwerke gebaut werden, in diesem Fall hoffentlich westlichen ökologischen und technischen Maßstabs. Nur so ist es möglich, gereinigtes, nicht pathogenes Wasser ins Meer zurückzuleiten. Wir werden am Thema weiterarbeiten, doch zunächst – und vermutlich noch sehr lange – gilt uneingeschränkt: Kommen Sie nach Bali und schwimmen Sie in Ihren eigenen Exkrementen.

Projektangaben

**Projekttitel**
Bottomless Bali (Bali Studio 2015, Leitung: Jörg Rekittke)

**Projektteam**
Prof. Dr. Jörg Rekittke, Philip Paar, Yazid Ninsalam

**Auftraggeber/Fördergeber**
Das Studio war eingebettet in das durch Jörg Rekittke geleitete Forschungsprojekt »Under-the-Urban-Canopy 3D«. Finanziert mit Mitteln der National University of Singapore

**Kooperationspartner**
Sarah Westropp, Bobocha, Siladen Island, Indonesia; Master of Landscape Architecture Programme, Department of Architecture, School of Design and Environment, National University of Singapore

**Studierende**
Goh Weixiang, Feng Yuanqiu, Xu Haohui, Hu Zhijie, Kow Xiao Jun, Loh Peiqi, Xu Lanjun, Wan Jing, Chow Zhaoyu Jaden, Uraiwan Songmunstaporn, Zhang Shangyu, Xu Yan

**Laufzeit**
08/2015–12/2015

Jörg Rekittke

Jakarta

## 6 Jakarta, Indonesien
## Wo 28 Millionen Menschen in 13 Flussbetten schlafen

Nur wenige Städte dieser Welt können Jakarta das Wasser reichen: hinsichtlich der schieren Größe, der zu bewältigenden urbanen Herausforderungen und der nur schwer zu beschreibenden Umweltzustände. Ungefähr 10 Millionen Menschen leben innerhalb der eigentlichen Stadtgrenze, doch insgesamt sind es um die 28 Millionen, die die Megacity Jakarta ausmachen – Tendenz stark steigend. Für das Jahr 2020 rechnet man mit ungefähr 35 Millionen Menschen im urbanen Territorium des südostasiatischen Giganten – Zahlen, die im Detail weitgehend belanglos sind, da genaue Erhebungen längst unmöglich geworden sind. Es handelt sich um eine wahrhaft große und extreme Stadt, so viel ist sicher. Der Hauptteil Jakartas liegt in einer Deltaebene, die durch das Mündungsgebiet von 13 tropischen Flüssen gebildet wird, welche in die Javasee (Java Sea) fließen. Jakarta lässt sich mit einem langsam, aber stetig sinkenden Schiff in einem permanenten Sturm vergleichen. Der Meeresspiegel steigt unausweichlich, der Boden der Stadt gibt mit dramatischer Geschwindigkeit nach, und Starkregenereignisse, die zu ungekannten Flutspitzen der die Stadt durchziehenden 13 Flüsse führen, intensivieren sich im Zuge klimatischer Veränderungen in messbarer Dimension. An einigen Stellen des Stadtgebiets sackt der Boden um bis zu 25 Zentimeter pro Jahr, gleichbedeutend mit einem ganzen Meter in nur 4 Jahren. Der Wert der Senkungsrate ist kaum fassbar, doch im Licht der millionenfachen unkontrollierten und missbräuchlichen Grundwasserentnahme durch selbst gebohrte, plastikverrohrte Brunnenlöcher sowie eines labilen und weichen Deltabodens, der dem schnell zunehmenden Gewicht der Stadt nichts entgegenzusetzen hat, ist Verwunderung nicht angebracht. Die fatale Kombination der beschriebenen Problemfaktoren offenbart den Stadtbewohnern ihre Konsequenzen in Form von regelmäßigen Flutereignissen katastrophalen Ausmaßes, denen – angesichts der rapide zunehmenden Besiedelung und Verdichtung – durch nichts Einhalt geboten werden kann.

◂ Der Ciliwung River im Bereich des Viertels Kampung Bukit Duri, Jakarta, Indonesien, 2011

Die größte in der Geschichte Jakartas gemessene Flut trat im Februar 2007 ein. Ungefähr 60 Prozent der Stadtfläche wurde dabei in Mitleidenschaft gezogen, zahlreiche Menschen fanden den Tod, und die Probleme der Überlebenden waren gewaltig. Im Stadtviertel Kampung Melayu, einem der zahlreichen durch informelle Siedlungsstrukturen geprägten Urban Villages, reichten die Fluten des Ciliwung River bis zum dritten Stock der selbst gezimmerten Häuser.

Wir – Lehrende und Studierende im Masterstudiengang Landschaftsarchitektur der National University of Singapore – widmeten dem Ciliwung River mehrere Jahre intensiver urbaner Analyse und entwurfsorientierter Forschungsarbeit. Eingebettet waren unsere 3 aufeinanderfolgenden kollaborativen Design Research Studios (DRS) in das durch Professor Christoph Girot (ETH Zürich) geleitete Forschungsmodul Landschaftsökologie (Landscape Ecology) des in Singapur gegründeten Future Cities Laboratory (FCL) der ETH Zürich. Das erste Future Cities Lab, mit insgesamt 10 Forschungsmodulen und über 100 Forscherinnen und Forschern, erstreckte sich über eine Laufzeit von 5 Jahren (2011–2016) und wurde unter der Schirmherrschaft des Singapore-ETH Centre for Global Environmental Sustainability (SEC) organisiert. Die Finanzierung des Projekts erfolgte durch Forschungsgelder der National Research Foundation Singapore (NRF). Die Münchner Ausstellung *draußen* beinhaltet Eindrücke und Ergebnisse der erwähnten Design Research Studios, an denen zwei Kohorten Studierender des Masterstudiengangs Landschaftsarchitektur der National University of Singapore (NUS MLA) mitgewirkt haben. Die Arbeiten beziehen sich auf den Ciliwung River im Bereich der informellen Siedlungen Kampung Melayu, Kampung Bukit Duri und Kampung Pulo, die im zentralen Stadtgebiet Jakartas liegen.

◂ Lage des näheren Untersuchungsgebiets am Ciliwung River in Jakarta, Indonesien

▲

Ausrüstungs-gegenstände für Raumanalyse und experimentelle Forschung im Feld entlang des Ciliwung River, 2013

Als wir das erste Mal am Ufer des Ciliwung in Jakarta standen, herrschte Trockenzeit. Der Fluss erschien harmlos und träge, doch die Zeichen seiner Umgebung sprachen eine andere Sprache. Müll und Unrat türmten sich nicht nur meterhoch entlang des Ufergrundes, sie hingen auch in absurder Höhe in den Bäumen und ließen sich als unheilvolle Vorboten eines der nächsten Temperamentsausbrüche des tropischen Flusses deuten, der sich nur vorübergehend gezähmt gab. Der Ciliwung ist zu einem Abwassergraben verkommen, der saisonal überläuft. So traurig dies sein mag, es verbildlicht lediglich den erschreckenden Zustand der Gesamtumwelt Jakartas. Das Bekenntnis von Hunderttausenden Flussanrainern – jener Menschen, die in den informellen Siedlungen entlang der Flüsse der Megacity leben –, weitgehend all ihren Müll direkt in den Gewässern zu entsorgen, darf nicht über den unglaublichen, aber wahren Umstand hinwegtäuschen, dass Jakarta als Gesamtstadt nahezu kein funktionierendes Abwassersystem besitzt. Nicht nur den Slumbewohner betrifft diese wirklich nur schwer fassbare Tatsache, sondern genauso den vornehmen Gast im Fünf-Sterne-Hotel in Jakarta, auf der vergoldeten Klobrille sitzend. Ihm sollte bewusst sein, dass seine Exkremente aller Wahrscheinlichkeit nach nicht in einer städtischen Kläranlage, sondern im lokalen Boden, Grundwasser, Fluss oder Meer enden werden. So sieht global gültige Stadtrealität in der Megacity-Liga von Entwicklungs- und Schwellenländern aus. Wir wären schlichtweg naiv, sofern wir dies als überraschend, schockierend, abstoßend oder Ähnliches klassifizieren würden. Unser Ansatz als forschende Landschaftsarchitekten und Stadtgestalter ist es, diese Art harscher Realität nüchtern als Forschungs- und Entwurfsherausforderung zu begreifen.

Konsequentes Umdenken und Offenheit für Sinneswandel zählen zu den Voraussetzungen für erfolgreiches Arbeiten im internationalen Kontext. Der westliche Maßstab ist nicht zwingend überall hilfreich, denn so große und problematische Städte – wie beispielsweise Jakarta – existieren im westlichen Kontext weitgehend nicht. Während unserer intensiven Arbeit im Feld, entlang des Ciliwung River, hörten wir mit der Zeit auf, von »Flut« zu sprechen. Stattdessen begannen wir, das »Temperament« und den »Rhythmus« dieses natürlichen Landschaftselements zu begreifen. Die Unerschütterlichkeit und Zuversicht der lokalen Bevölkerung still bewundernd, begannen wir, die wechselnden Flusswasserstände nicht mehr als ein Problem, sondern als eine Voraussetzung für kreatives Umdenken zu betrachten. Flüsse und ihre zeitweiligen Flutereignisse sind natürliche Phänomene, die auch im urbanen Kontext hingenommen werden müssen. Eine der signifikantesten Eigenschaften großmaßstäblich urbanisierter Landschaften – weltweit – bildet der Umstand, dass, trotz Überbauung, die natürlichen Prozesse dieser Landschaften niemals vollständig verschwinden – genauso wenig wie die in ihnen siedelnden Menschen. Allem Konfliktpotenzial zum Trotz:

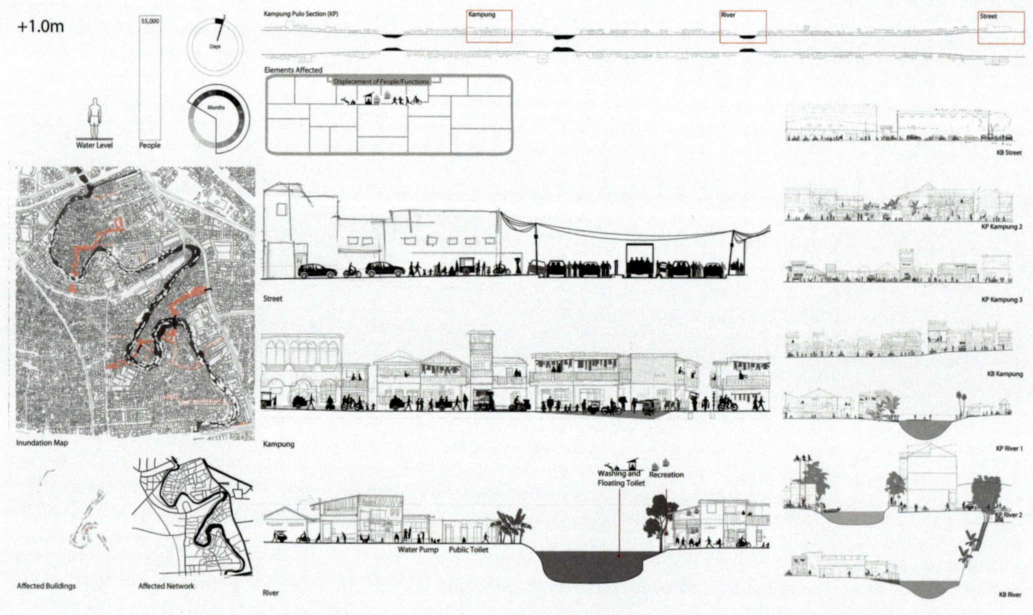


▲

Wechselnde Wasserstände des Ciliwung River und die flutbedingte temporäre Migration im Kampung Bukit Duri, Jakarta. Die Grafik zeigt einen Wasserstand von einem Meter über Normalstand (+ 1,0 m)

Die Landschaft existiert ebenso weiter wie die Stadt. Einer der beide Seiten der Medaille verbindenden Parameter ist die Topografie. Sowohl die saisonalen Wasserstandsschwankungen des Ciliwung River als auch jedwede städtebauliche Intervention entlang seines Laufes sind von der örtlichen Topografie abhängig. Ausdruck unserer gründlichen Analyse und unseres detaillierten Verständnisses des Terrains sind präzise Schnitte und dreidimensionale Modelle. Die entsprechenden Daten gewinnen wir vor Ort, in zeitaufwendiger Handarbeit und mittels schweißtreibender Fußgängermethodik. In diesem Zusammenhang experimentieren wir auch mit vielfältiger mobiler Technologie. Selbst in der chaotischsten Megacity spielt Präzision eine wichtige Rolle. In Jakarta entscheiden Dezimeter und Zentimeter darüber, ob die jeweilige Wohnstätte regelmäßig überschwemmt wird oder ob die Füße trocken bleiben. Steigende Wasserstände – während Flutereignissen – zwingen all jene Menschen, die im weiter gefassten Bett der Flüsse siedeln, ihre Habseligkeiten zusammenzuraffen und vorübergehend höhere Stockwerke oder höher gelegenes Gebiet aufzusuchen. Geht das Wasser zurück, packen die Menschen unverzüglich wieder ihre Sachen und kehren dahin zurück, wo sie herkamen – in die Flussbetten. In einem Stadtgebiet, das in einer flachen, tief liegenden und stetig sinkenden Deltalandschaft von 13 Flüssen angesiedelt ist, muss man damit rechnen, dass quasi die gesamte Stadtfläche temporär zu potenziellen Flussbetten mutiert.

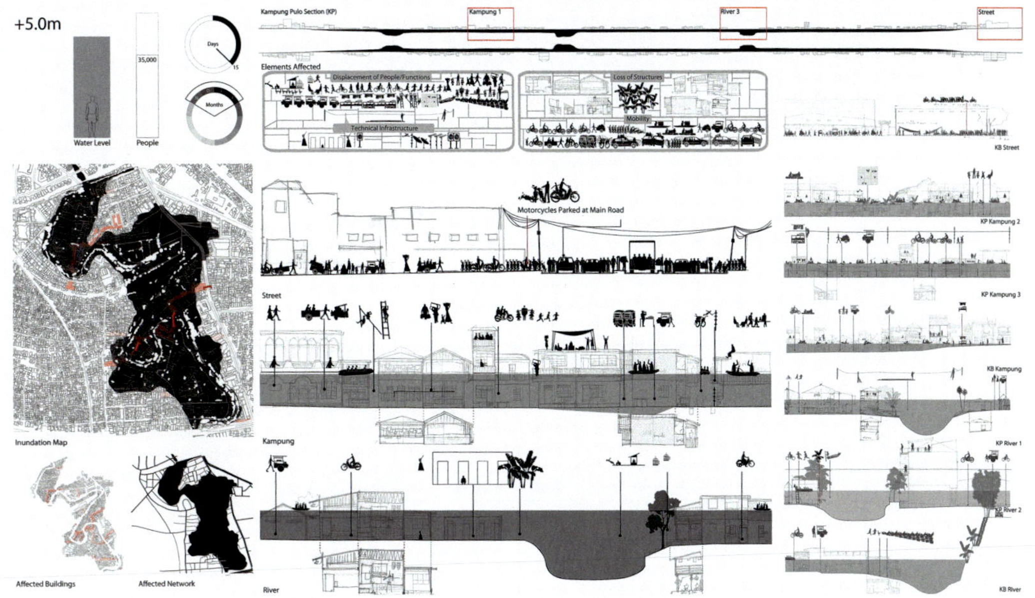


▲

Wechselnde Wasserstände des Ciliwung River und die flutbedingte temporäre Migration im Kampung Bukit Duri, Jakarta. Die Grafik zeigt einen Wasserstand von fünf Metern über Normalstand (+ 5,0 m)

Kann man in einer solchen Umwelt in gängiger Manier »entwerfen«, oder bleibt einem nichts anderes übrig, als sich Defätismus und Naturgewalten hinzugeben? Wir haben kollektiv sehr intensiv daran gearbeitet, eine Antwort auf diese Frage zu finden. Erst im dritten Design Research Studio, nach zahlreichen ambitionierten Entwurfsvorschlägen und Herangehensweisen, gestanden wir uns auf schmerzvolle Weise ein, dass wir in der Tat noch keine richtige »Tür« in eine wirklich überzeugende und befriedigende Entwurfsstrategie gefunden hatten. Angesichts einer unendlichen Zahl ungelöster Probleme, kristallisierte sich eine zentrale Frage heraus: »Welchen Schlüsselaspekt müssen Entwerfende primär angehen beim Versuch, die Situation eines Ortes wie unseres Untersuchungsgebiets zu verbessern?«

Uns diese Frage stellend und diesem Motiv folgend, waren wir in der Lage, eine Menge unwichtiger und klischeehafter Vorstellungen über Bord zu werfen. Wir hatten mittlerweile die Topografie gründlich vermessen und verstanden, wir kannten die urbanen Bausteine, und uns wurde langsam klar, dass nicht der Fluss – Ufer, Bett, Querschnitt etc. – verändert, sondern die auf der Flusslandschaft lagernde städtische Schicht entscheidend beeinflusst werden sollte. Unserem intellektuellen Prozess wurde gleichsam durch die unaufhaltsamen Naturgewalten auf die Sprünge geholfen. Während wir auf einem ineffektiven Workshop in Bangkok wertvolle Zeit verschwendeten – Thema waren urbane Flutprobleme, doch es

▲ Eine Studentin des Masterstudiengangs Landschaftsarchitektur der National University of Singapore während der Januar-Flut in Jakarta, 2013

herrschte Trockenzeit in Thailand –, erfuhren wir aus den Nachrichten, dass Jakarta von der nächsten Rekordflut getroffen wurde. Unsere Studierenden entschieden umgehend, Tickets zu buchen und in das Katastrophengebiet zu fliegen. Diese Entscheidung bedeutete einen Wendepunkt in unserem Studioverlauf. In Jakarta angekommen, fügten sich alle bisher erarbeiteten Teilaspekte zu einem Gesamtbild zusammen, und den Studenten wurde unmissverständlich klar, worum es eigentlich ging. All ihre bisherige Mess- und Zeichenarbeit wurde anschaulich und durch die Realität in jeglicher Dimension bestätigt. Unser Studio trug den programmatischen Titel City in the River, jetzt sahen wir die Megacity inmitten des Flusses mit eigenen Augen. Es konnte keinen Zweifel mehr daran geben, dass es die Topografie und die Wasserstände der Flüsse sind, die als unumstößliche Indikatoren für jegliche entwerferische Intervention vor Ort dienen müssen. Jedes veränderte oder neu vorgeschlagene Entwurfselement muss wasserresistent und wasserdicht sein, sofern es nicht

Die regelmäßigen Fluten wirken wie eine natürliche Richtschnur; wir bezeichnen sie als »Horizontal Urban Trim Line«, 2013 ▼

jenseits des bekannten, maximal möglichen Wasserstandes angeordnet ist. Keine einzige Maßnahme macht Sinn, sofern sie nicht den unumstößlichen Flut- beziehungsweise Flussparametern gerecht wird. Die zukünftige Stadt kann nur unter Einbeziehung des Wissens über die Naturdynamik entworfen werden. Gemessene Wasserstände sind die Richtschnur, der alles untergeordnet werden muss; wir haben sie Horizontal Urban Trim Line getauft. Diese natürliche Richtschnur zwingt den Entwerfenden, all das sorgfältig zu entwerfen, was unter ihr liegt, denn dies ist der Stadtraum, der regelmäßig und auch zukünftig von den Wassermassen heimgesucht werden wird. Alles, was über der natürlichen Richtschnur liegt, ist weniger essenziell, weitgehend austauschbar und vergleichsweise unwichtig – aus Sicht eines Urbanisten. Globaler Klimawandel ist vom Menschen nicht aufhaltbar, und das Ende des Zeitalters nicht nachhaltiger Ingenieurslösungen wurde längst eingeläutet. Nicht von internationalistischen Landschaftsarchitekten, sondern von den Ökonomen dieser Welt.

Die »Horizontal Urban Trim Line« zwingt den Planer, all das sorgfältig zu entwerfen, was unter ihr liegt, denn dies ist der Stadtraum, der regelmäßig und auch zukünftig von den Wassermassen heimgesucht werden wird

Projektangaben

**Projekttitel**
City in a River (Jakarta Studios 2012–2013, Leitung: Jörg Rekittke)

**Projektteam**
Prof. Christoph Girot, Prof. Dr. Jörg Rekittke, Philip Paar, Yazid Ninsalam, Alexandre Kapellos, Ilmar Hurkxkens, Magdalena Kaufmann

**Auftraggeber/Fördergeber**
Die Studios waren eingebettet in das durch Professor Christoph Girot (ETH Zürich) geleitete Forschungsmodul Landschaftsökologie (Landscape Ecology) des in Singapur gegründeten Future Cities Laboratory (FCL), einem Projekt des Singapore-ETH Centre. Finanziert mit Mitteln der Singapore National Research Foundation

**Kooperationspartner**
Future Cities Laboratory (FCL), Singapore-ETH Centre; Chair of Landscape Architecture, ETH Zürich; Master of Landscape Architecture Programme, Department of Architecture, School of Design and Environment, National University of Singapore

**Studierende**
Design Research Studio 01 (2012), National University of Singapore: Gauri Bharihoke, Guo Yunjia Lehana, Hou Suya, Lin Shengwei Ervine, Muhammad Yazid Ninsalam, Neha Mehta, Nur Syafiqah Nahadi, Nur Syuhada Limat, Sng En Ai Rebecca, Soh Han Jie, Teo Hui Yi Rachel

Design Research Studios 02 und 03 (2012/13), National University of Singapore: Anna Yap Lai Fong, Fu Maoying, Heng Juit, Lian, Pham Le Anh, Ronnie Mak, Shamy Vivek Darne, Wong Ruen Qing, Yeo Jiahao, Zhang Rong

**Laufzeit**
01/2012–08/2013

# Sarah Westropp

# Bhinneka Tungall Ika

Bhinneka Tungall Ika, was so viel bedeutet wie »Einheit in Vielfalt«, ist seit dem Ende des Zweiten Weltkrieges das Nationalmotto von Indonesien. Bei mehr als 13 000 Inseln und 34 Provinzen fällt es nicht schwer zu verstehen, warum Indonesien so vielfältig ist. Das macht es zu einem wahrhaft magischen Ort zum Besuchen und zum Leben – ist jedoch auch ein Grund dafür, weshalb es so schwierig ist, hier Geschäfte zu betreiben.

Ich lebe zum Beispiel in Manado, einer Region in Nord-Sulawesi. Nicht nur geografisch sind Manado und Sulawesi weit von der Hauptstadt des Inselstaates entfernt, sie stehen dieser auch kulturell sehr fern. Doch auch innerhalb von Nord-Sulawesi bestehen gravierende Unterschiede in Kultur und Einstellungen. In Gorontalo, südlich von Manado, gab es in den Gewässern kürzlich eine Sichtung von Walhaien. Die Reaktion der dortigen Gemeinschaft war erstaunlich. Die lokale Verwaltung und die Gemeinde waren bestrebt, in den Prozess eingebunden zu werden und reagierten äußerst rasch, indem sie Schutzzonen einführten und die Zahl an erlaubten Tauchgängen in dieser Gegend beschränkten. In Manado würde so etwas hingegen nie passieren. Das hat meiner Ansicht nach in erster Linie mit den kulturellen Unterschieden zu tun, besonders was die Einstellung zu Autorität und Macht betrifft. Die Manadonesen haben Autoritäten gegenüber weniger Respekt, da sich jeder selbst für den Chef hält. Obwohl sich Gorontalo in der gleichen Region Indonesiens befindet, ist diese Haltung dort nicht verbreitet. Sogar ich finde dies schwer zu begreifen, und ich bin eine Einheimische.

Zusätzlich zur Unmenge an Kulturen und damit einhergehenden Einstellungen gibt es zahllose Regierungsebenen – von national bis lokal und alle Zwischenstufen. Alle liegen übereinander und jeder versucht, neue Bestimmungen einzuführen oder durchzusetzen. Vielleicht ist die Religion ein Faktor, vielleicht die Kultur, vielleicht der Dialekt – wie aber können wir nur einen einzigen davon durchsetzen? Politische Strategien umzusetzen, die alle diese Faktoren irgendwie berücksichtigen, ist grundsätzlich schon schwierig, in einem Land wie Indonesien jedoch eine ganz besondere Herausforderung. Ein Problem, das insbesondere mein Geschäft betrifft, ist der Mangel an Aufmerksamkeit, den die Regierung auf nationaler Ebene dem Bunaken Marine National Park zuteilwerden lässt. Obwohl die indonesische Regierung einige anerkennenswerte Initiativen zur Verstärkung des Schutzes der Meere in Verbindung mit Seetourismus betreibt, liegt der Fokus doch auf der Schaffung weiterer Nationalparks und der Durchsetzung neuer Gesetze in diesem Bereich. Es herrscht die Vorstellung, dass in Bunaken alles in Ordnung sei, da es bereits unter Schutz stehe, doch das ist nicht der Fall.

Zeitweise wird Bunaken von Müll überschwemmt – die Umweltverschmutzung ist für einen vermeintlich »geschützten« Meerespark beträchtlich. Den Großteil davon machen unterschiedliche Plastikgegenstände aus, wie von Danone hergestellte Wasserflaschen, wobei sich das Unternehmen nicht dafür zu interessieren scheint, dieses Chaos auf lange Sicht beseitigen zu helfen. Dies wirkt sich nicht nur äußerst nachteilig auf die Wasserqualität aus, sondern auch auf die Vielzahl an Organismen, die dieses Wasser bevölkern. Trotz der Unzahl bestehender Probleme bin ich der Ansicht, dass die mangelnde Bildung hier eine ganz zentrale Rolle spielt. Durch eine Konzentration auf die grundsätzliche Verbesserung des Bildungsniveaus wird sich langfristig auch der Fokus auf Umweltfragen in ganz Indonesien erhöhen. Natürlich gibt es für nachhaltigen Tourismus oder lokale Verwaltung keine Einheitslösung, doch Bildung ist ein sehr wichtiges Element, das die Kluft zwischen diesen beiden Instanzen zumindest verkleinern kann.

Antje Stokman

Changde

## 7 Changde, China
## Schwammstadt im Werden

Die Stadt Changde, eine typische florierende Stadt mittlerer Größe im modernen China, ist eine Wasserstadt. Sie liegt in der westlichen Ebene des Sees Dongting am Ufer des Flusses Yuan, einem der vier großen Nebenflüsse des Jangtse in Südchina. Das Umland ist von einem Geflecht Hunderter kleiner Flüsse, Seen und Feuchtgebiete durchzogen. Das städtisch-landwirtschaftliche Netzwerk kleiner Kanäle, Wassergräben und Staubecken versorgt die terrassierten Reisfelder; die Bewässerung ist ausreichend, um zwei Reisernten im Jahr sicherzustellen. Wasserbüffel und weiße Reiher, die häufigsten Haus- beziehungsweise Wildtiere, die an das Leben in einem Feuchtgebiet angepasst sind, finden sich zuhauf in dieser Wasserlandschaft. Aus der engen Verbindung mit den klimatischen, topografischen und hydraulischen Gegebenheiten sind eine Reihe lokaler Bewirtschaftungsformen hervorgegangen, um diese beträchtlichen Wasserressourcen so gut wie möglich zu nutzen und so eine produktive, auf dem Wasser basierende Landschaft zu schaffen.

◀ Wassergeprägte Stadtlandschaft entlang des Chuanzi-Flusses nach der Umsetzung des Projekts, 2016

## Changdes umstrittene Wasserterritorien

Im Zuge des rapiden urbanen Wachstums von Changde drohte dessen Beziehung zum Wasser jedoch verloren zu gehen. Alle Flüsse und Wasserläufe wurden um die sich zunehmend verdichtende und ausdehnende Stadt herumgeleitet bzw. verrohrt. Die Uferstraße entlang des Flusses Yuan wird von einem begrünten Betondeich blockiert, der nur einen schmalen Streifen Uferanlage entlang des Flusses belässt. Die meisten historischen Kanäle, die früher die Stadt durchzogen, wurden zugeschüttet oder in das unterirdische Kanalsystem integriert. Der Fluss Chuanzi, nördlich des historischen Zentrums, wurde von seinem natürlichen Zulauf abgeschnitten und verwandelte sich in ein stehendes Gewässer. Riesige Pumpen transportieren das aus der Stadt in den Chuanzi eingeleitete Regenwasser zurück in das umgebende Flusssystem, wozu eine große Menge Energie aufgewendet werden muss. Diese Situation führte in der Folge zu einer Reihe gravierender Probleme was die Wasserschwankungen und Überschwemmungen, aber auch was die Wasserverschmutzung betraf, die durch den Überlauf von 17 kombinierten Regen- und Abwasserrückhaltebecken entlang des Flusses verursacht wurden. Zudem befanden sich diese Betonbecken, die neben der Geruchsbelästigung auch andere Gefahren bargen, in unmittelbarer Nähe zu öffentlichen und privaten Freiflächen.

Dieser Gegensatz zwischen dem idealen und dem problematischen Wasserterritorium von Changde stellt eine sichtbare Metapher für die augenblicklich schwierige Beziehung zwischen Mensch und Natur dar – und ist heutzutage ganz typisch für viele chinesische Städte. Es stellt sich die Frage, wie sich Changdes Identität auf Basis einer hydro-ökologischen Herangehensweise der urbanen Landschaftsentwicklung, unter Berücksichtigung der sozio-kulturellen Gegebenheiten Chinas und der aktuellen Herausforderungen der Stadtentwicklung, wiederherstellen lässt.

Changde – trockene Stadt in wassergeprägtem Territorium, 2016

## Historische Wasserparadigmen chinesischer Landschaften und Städte

Um die spezifisch chinesische Beziehung zwischen Wasserwirtschaft, räumlicher Planung und Landschaftsdesign zu verstehen, bedarf es einer näheren Betrachtung der allgemeinen Wassersituation Chinas und der langen Tradition in diesem riesigen Land, Wasser um des Überlebens Willen zu manipulieren. Die Wasserverteilung ist in China höchst unausgewogen – sowohl geografisch als auch jahreszeitlich bedingt. Dies führt zu häufigem Auftreten von Dürren und Überflutungen sowie Gefährdungen durch Staunässe, das heißt zu instabiler landwirtschaftlicher Produktion, unsicherem Städtebau und drastischem Ungleichgewicht zwischen Wasserversorgung und -nachfrage.

Aufgrund dieser widrigen Umstände sind die Ursprünge der chinesischen Zivilisation seit mehr als 3000 Jahren eng mit der staatlich kontrollierten Regulierung der Wassernutzung verbunden. Die legendäre Figur des Kaisers Da Yu als Wasserkontrolleur und Bekämpfer einer großen Überschwemmung in der mythischen Xia-Dynastie im 21. Jahrhundert v. Chr. belegt die hohe historische Bedeutung von Wasserkontrolle für die nationale Führung. Chinesische Kulturlandschaften sind durch unterschiedliche komplexe, gemeinschaftlich betriebene Wasserwirtschaftssysteme organisiert und strukturiert, die auf umfassenden, von der Regierung gelenkten Bewässerungsmethoden und Hochwasserschutzmaßnahmen beruhen. Gleichzeitig stellte der Wasserbau einen wesentlichen Bestandteil der Stadtplanung dar. Wasserinfrastruktursysteme nahmen in den meisten chinesischen Städten eine äußerst markante Rolle ein. Als strukturelle und optische Komponente urbaner und regionaler Form gewannen sie eine genauso große

▲ Die enge Beziehung der historischen chinesischen Städte zum Wasser, 2006

▲ Die durch Betondeiche und -ufer geprägte Abkehr der chinesischen Städte vom Wasser, 2008

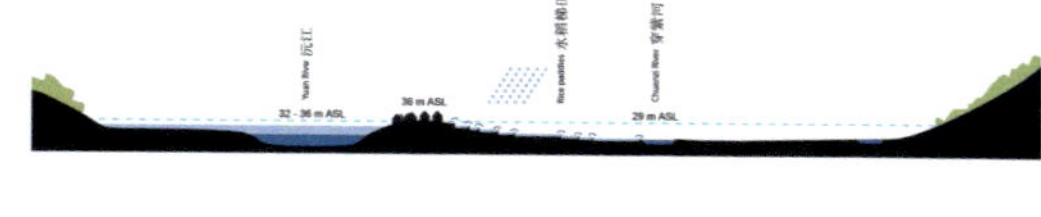


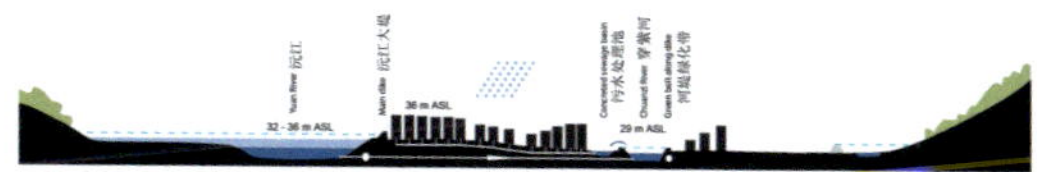


▲ Historisches und aktuelles Verhältnis zwischen der Stadtstruktur und dem Wassermanagement Changdes, 2008

Bedeutung wie in den traditionellen, durch landwirtschaftliche Nutzungen geprägten Kulturlandschaften.

Unterschiedliche Strategien, die Hochwasserschutz und Wasserrückhaltung miteinander kombinieren, führten zu unterschiedlichen Arten ans Wasser angepasster Städte und schafften Synergien zwischen wichtigen urbanen Funktionen, wie die Bereitstellung von Transportwegen für Güter und Baumaterialien, eines Netzes öffentlicher Plätze oder die Wasserversorgung für Haushalt und Industrie. Zudem können sie als System für Regenwasserrückhaltung, Bewässerung, Nahrungsmittelproduktion und Abwasserentsorgung dienen. Viele dieser wenigen noch bestehenden Wasserstädte in China sind zu beliebten Touristenorten geworden – was deutlich zeigt, dass die beeindruckendsten urbanen Wasserlandschaften nicht mehr sind als frühere Systeme zur Bewässerung, Wasserbereitstellung für den Haushalt, den Transport, die Abwasserentsorgung und den Hochwasserschutz. Diese urbanen Landschaften bringen die ortsspezifischen natürlichen Prozesse zum Vorschein, gestatten deren Nutzung im urbanen Raum und schaffen eine spezifische Identität jeder Stadt.

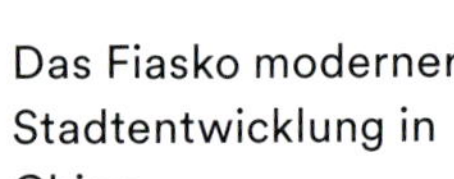

## Das Fiasko moderner Stadtentwicklung in China

Bis ins 18. Jahrhundert war China im Bereich von umfassendem, ökologischem Wasserbau und der umweltangepassten Raum- und Baugestaltung (Feng Shui) – sowohl im kleinen als auch im großen Maßstab – äußerst weit entwickelt. Mit Eintritt in die Phase der raschen Industrialisierung und Urbanisierung im 20. Jahrhundert versäumte China es jedoch, seine historische Tradition zu adaptieren und die Logiken der historischen Wasserbewirtschaftung in die moderne Stadtentwicklung zu integrieren. Die Kampagne des kommunistischen Regimes, der »große Sprung nach vorne« (1958–1961), förderte eine Philosophie der Eroberung der Natur – bei deren gleichzeitiger Missachtung – und führte die lange Tradition der wasseradaptiven Strategien, die sich in Chinas langer Geschichte vom Überleben unter widrigen Bedingungen herausgebildet hatten, zu einem plötzlichen Ende. Aufgrund des starken Glaubens an moderne Technologien zur Überwindung

▼ Masterplan der »Wasserstadt Changde« von Wasser Hannover, 2009

EU Asia Pro Eco – Forschungskooperation zum Thema des integrierten Wassermanagements, 2005–2008: freundschaftliches Miteinander- und Voneinander-Lernen, 2006

Sommeruniversität mit deutschen und chinesischen Studierenden, um die Beziehung zwischen dem Wasser und den Menschen zu verstehen und zu entwerfen, 2006

Feldstudien mit Forschern und städtischen Mitarbeitern, um die Beziehung zwischen dem Wasser und der Stadtentwicklung Changdes zu verstehen und zu diskutieren, 2008

natürlicher Beschränkungen und der Ablehnung traditioneller standortangepasster Strategien wird Wasser in China in gigantischem Ausmaß manipuliert, was massive Auswirkungen auf den natürlichen Wasserhaushalt hat. Die Staatsregierung ist in großem Umfang in Wasserbauprojekten engagiert, wie dem Bau von mehr als 87 000 Dämmen seit 1978 und der Umsetzung des Süd-Nord-Wassertransferprojekts, um Wasser vom südlichen Becken des Jangtse mehr als 1000 Kilometer weit in Chinas trockenen Norden zu leiten.

Gleichzeitig steigt die Zahl chinesischer Städte, die massiv von Hochwasser, extremer Dürre und akuter Wasserverschmutzung betroffen sind, rasant an. Analog zur raschen Urbanisierung und dem gewaltigen urbanen Wachstum haben auch die versiegelten Oberflächen und die unkontrollierte Abwasserentsorgung in unglaublichem Tempo zugenommen – und tun es immer noch. Das anhaltend starke Anwachsen der urbanen Bevölkerung trotz limitierter bebaubarer Bereiche führt dazu, dass sich immer mehr Menschen in Gebieten niederlassen, die von Hochwasser bedroht sind. Da die Flüsse zu einer großen Bedrohung der Urbanisierung geworden sind, wurden die meisten von ihnen in Betonkanäle und hinter Betondeiche verbannt. Ein unüberschaubares Netzwerk an unterirdischen Wasserrohren, Pumpen und Kanalsystemen hat die offenen Wasserwege ersetzt, die nunmehr weder sichtbar noch zugänglich sind. Die moderne chinesische Kultur behandelt Wasser als einen

Schematisches Diagramm des Schwammstadtkonzepts, 2009

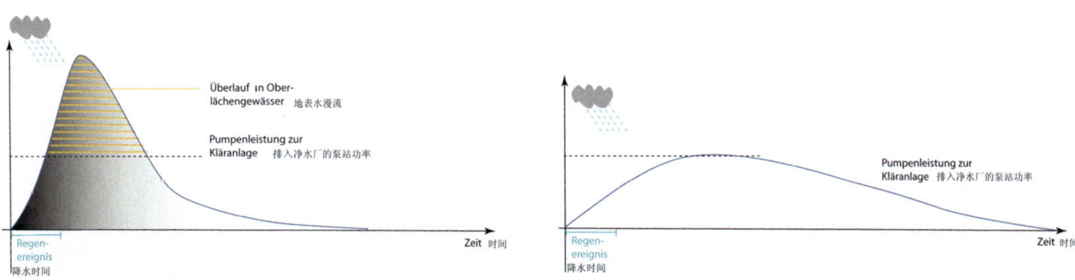

Feind, der nur durch immer aggressivere Eingriffe beherrscht werden kann. Ausgehend von der Annahme, dass Wasserprobleme sich nur auf technische Art und Weise durch Konstrukteure und Ingenieure lösen lassen, beschränken sich Stadt- und Landschaftsplaner auf ästhetische Entwurfsansätze zur Gestaltung urbaner Wasserlandschaften – oft ohne Berücksichtigung der Verfügbarkeit, Menge und Qualität des Wassers –, was den Druck auf den natürlichen Wasserhaushalt noch verstärkt. Im 20. Jahrhundert löste sich die urbane Struktur von Städten in zunehmendem Maße von der Organisation des Wassersystems, wodurch die optische und räumliche Logik des städtischen Wassereinzugsgebiets ausgelöscht wurde. Wie lässt sich dieses Paradigma durch die Neudefinition der Beziehung zwischen Wasser und Städten im 21. Jahrhundert überwinden?

## Changde wird zu einer modellhaften Schwammstadt

Im Jahr 2013 begann die chinesische Regierung damit, ein neues System für die integrative urbane Wasserwirtschaft und -gestaltung einzuführen, das als Schwammstadtkonzept bekannt ist. »Eine Schwammstadt ist eine Stadt, die Wasser auf natürliche Weise, mittels eines ökologischen Zugangs, halten, reinigen und ableiten kann«, erklärt Professor Kongjian Yu, der den Start dieses nationalen Projekts unterstützt hat. 2015 lancierte die chinesische Regierung Initiativen, in deren Rahmen 16 modellhafte Schwammstädte ausgewählt wurden, die drei Jahre lang Unterstützung mit an die 66 Millionen US-Dollar pro Jahr erhalten, um Projekte umzusetzen – wobei Changde die kleinste der ausgewählten Modellstädte ist.

Changdes Erfolg durch die nationale Anerkennung und Unterstützung bei der Umwandlung in eine Schwammstadt hat ihren Ursprung in der internationalen und wissenschaftlichen Zusammenarbeit zwischen Expertenteams aus Hannover und Changde. Gemeinsame Konferenzen, Forschungsstudien, Exkursionen

Wasserreinigungspark mit Pflanzenkläranlage am Chuanzi-Fluss im Bau, 2010 ▼

zu erfolgreichen Projekten in Europa, ein enger fachlicher Austausch sowie Studentenprojekte, die zwischen 2005 und 2008 im Rahmen eines EU-Asia-Pro-Eco-Projekts zu ganzheitlicher Wasserbewirtschaftung entwickelt wurden, dienten als Grundlage für den Veränderungsprozess, der durch großes politisches Engagement und die Freundschaft zwischen den beiden Städten Changde und Hannover befördert wurde. Nachdem das Potenzial in den Ergebnissen erster wissenschaftlicher Studien deutlich wurde, beauftragten die Stadt Changde und die Provinz Huan im Jahr 2008 eine interdisziplinäre Gruppe von Unternehmen und Wissenschaftlern von Wasser Hannover mit der Entwicklung eines Rahmenplans (2007–2020) für das nachhaltige und ökologische Wasserressourcenmanagement in der Stadt Changde als Modellprojekt.

Dieser Plan definierte konkrete Richtlinien und Projekte zur Schaffung einer urbanen Wasserlandschaft im Sinne der wassersensiblen Stadtentwicklung an. Wichtig dabei war eine deutliche Verbindung zwischen der grundlegenden Gewässerstruktur und dem Wasserbau als Hauptgestaltungsgrundlage der urbanen Form, zum Beispiel durch den Einsatz von Reservoirs in der Verbindung von Raumgestaltung und Wasserregulierung. Ein weiterer Vorschlag betraf die Nutzung der offensichtlichen Synergien zwischen der Notwendigkeit, ein System vernetzter Freiräume zu schaffen, um den sozialen und umweltbezogenen Bedürfnissen in der wachsenden Stadt gerecht zu werden und diese mit neuen ökologischen Ansätzen der urbanen Wasserwirtschaft und naturnahen Techniken des Wasserbaus zu kombinieren.

Damit einher geht, dass die unterschiedlichen Elemente der Wasserinfrastruktur kein isoliertes technisches System darstellen, das ausschließlich durch Funktionalität und Effizienz definiert wird, sondern sich mit kulturellen, sozialen und ökologischen Prozessen innerhalb der urbanen Matrix verbindet: eine Verschiebung hin zu integrierten hybriden Infrastrukturtypologien, die zu Landschaft werden, und einer urbanen Landschaft, die zu Infrastruktur wird.

Wasserreinigungspark mit Pflanzenkläranlage am Chuanzi-Fluss nach der Fertigstellung, 2016

## Die Umwandlung von Changdes Wasserlandschaften mithilfe von Pilotprojekten

Auf der Grundlage des oben beschriebenen Rahmenplans setzte Wasser Hannover in ganz Changde eine Reihe von Pilotprojekten um, mit deren Hilfe demonstriert wurde, wie durch die Kombination von gebauter Wasserinfrastruktur, ökologischen Funktionen und urbanen Freiräumen eine neue urbane Landschaft mit dem Wasser entstehen kann. Der Umbau etlicher Abwasserbecken entlang des Flusses Chuanzi zeigt, wie sich die kostengünstige Verbesserung der technischen Leistungsfähigkeit mit zu leistenden Maßnahmen verbinden lässt, um sowohl die Gestaltung als auch die Ökologie der Uferbereiche zu optimieren. Technisch betrachtet wurde das Becken in etliche Kammern unterteilt, um sicherzustellen, dass das verschmutzte Wasser – abhängig von Quantität und Qualität – entsprechend aufbereitet wird. Nach einer ersten Zwischenspeicherung in einem unterirdischen Becken wird der Mischwasserüberlauf (Regen- und Abwasser) bei starken Regenfällen in einer Abfolge von Pflanzenkläranlagen gereinigt, die gleichzeitig ein wesentliches Gestaltungselement der Flussuferlandschaft sind.

Eingebettet in eine Ufergestaltung mit multifunktionalen Überflutungsbereichen, Dämmen und Versickerungsmulden, diente der Umbau der Abwasserbecken als Ausgangspunkt für die Gestaltung einer neuen öffentlichen Parklandschaft entlang des Chuanzi durch ein interdisziplinäres Team von Wasserbauingenieuren und Landschaftsarchitekten. Durch seine »künstliche Ökologie«, das heißt die gezielte Nutzung selbst organsierter Naturprozesse, hat der neue, 70 Hektar große Uferpark eine hohe Effizienz zur Verbesserung der Wasserqualität bei vergleichsweise geringem Energie-, Kosten- und Unterhaltungsaufwand, bietet gleichzeitig attraktive Landschaftserfahrungen und schafft eine hohe urbane Biodiversität. Er lädt die Menschen ein, ihre Zeit am Wasser zu verbringen, und bietet genügend Raum für eine Vielzahl an urbanen Funktionen, wie Promenaden, Laufwege, Fitnessstationen, Sportanlagen, Cafés und einen natürlichen Schwimmteich.. Als Ausdruck der Kooperation und Freundschaft errichtete die Stadt Changde direkt am Ufer des Chuanzi ihren eigenen »Hannover-Stadtbezirk«, mit deutschen Geschäften und Kaffeehäusern in einer der Hannoveraner Altstadt nachempfundenen Architektursprache, der im Oktober 2016 von den Bürgermeistern der Städte Hannover und Changde gemeinsam eröffnet wurde.

◂ Neue urbane Landschaft bei Nacht entlang des Chuanzi-Flusses nach der Umsetzung des Projekts, 2016

▲ Neue urbane Landschaft bei Tag entlang des Chuanzi-Flusses nach der Umsetzung des Projekts, 2016

## Ein landschaftlicher Ansatz für die Gestaltung von Wasserstädten der Zukunft

Eines der Hauptprobleme des aktuellen globalen Urbanisierungstrends sind – wie das Beispiel von Changde zeigt – die Unzulänglichkeiten konventioneller Gestaltungsansätze für die urbane Abwasserbeseitigung und -reinigung. In Zukunft wird viel Geld in die Erforschung und Implementierung neuer Lösungen fließen. Anstatt dieses Feld völlig den Ingenieuren zu überlassen, sollte die Disziplin der Landschaftsarchitektur diese günstige Gelegenheit nutzen, um eine führende Rolle in der Rekonstruktion und Entwicklung urbaner Infrastruktursysteme zu übernehmen, und die Landschaft als Ausgangspunkt heranziehen. Der Transformationsprozess, durch den zahlreiche chinesische Städte in Schwammstädte umgewandelt werden sollen, bietet eine strategische Chance, die Zusammenarbeit zwischen Bauingenieuren, Ökologen, Stadtplanern und

Landschaftsarchitekten zu stärken, um so innovative ganzheitliche Lösungen umzusetzen. Durch die hybride Zusammenführung des Technischen und des Natürlichen könnten chinesische Schwammstädte den Weg zu neuen, widerstandfähigeren hydroökologischen Landschaften weisen. Die oben beschriebene Notwendigkeit von realisierbaren und kostengünstigen Lösungen für die (Ab-)Wasserprobleme der urbanen Landschaften bedeutet eine strategische Chance, Wassersysteme als eine grundlegende Komponente regionaler und urbaner Form im 21. Jahrhundert neu zu denken. Von China zu lernen – sowohl von seinen alten Traditionen als auch von den aktuellen Herausforderungen und Strategien –, bedeutet den Umgang mit den Wasserinfrastruktursystemen an den Anfang der Entwicklung und Gestaltung urbaner Landschaften zu stellen.

**Projektangaben**

**Projekttitel**
Sponge City Changde, China

**Projektteam**
Prof. Antje Stokman, Susanne Zeller, Christoph Wust, Yingying Zhu (Leibniz Universität Hannover, Institut für Freiraumentwicklung), Dr. Lothar Fuchs, Chiyan Peng, Dr. Frank Schneider (ITWH Institut für technisch-wissenschaftliche Hydrologie GmbH), Carsten Rindfleisch, Andreas Tangen (agwa GmbH), Dr. Holger Pabsch, Olaf Georgi, Jan-Willm Boochs (ipp Pabsch & Partner mbH), Uwe Klaus (Aquaplaner), Prof. Dr. Heinz-Dieter Olbrisch (Ostfalia Hochschule für angewandte Wissenschaften, Suderburg), Dr. Reinhard Martinsen, Horst Menze (Stadt Hannover), Rainer Joop (Wasser Hannover e.V.), Axel Hermening, Luc Monsigny, Stefanie Ruff (Levin Monsigny Landscape Architects)

**Auftraggeber/Fördergeber**
EU Asia Pro Eco Programm, Stadt Changde, Chuanzi He Investment and Development Association, Provinz Hunan

**Kooperationspartner**
Wasser Hannover e. V., Stadtentwässerung Hannover, Stadtplanungsamt Stadt Changde (China), Stadt Utrecht (Niederlande)

**Projekte und Folgeprojekte**
Sustainable Problem Solutions for Asian Urban Settlements and Developments by Exemplary Analysis of Sewage and Waters of the Urban Settlement Changde and its Chuanzi River Basin, China (12/2005–07/2008); Framework Master Plan on Sustainable and Ecological Water Resource Management in the City of Changde (01/2008–11/2008); Ecological River Rehabilitation Jiangbei, Changde – Part ChuanMaTou (10/2010–05/2012, ARGE Gewässersanierung Chuanzi)

**Studierende:**

**Projektarbeit Sommersemester 2006**
Linlin Du, Markus Klemmer, Bin Lu, Nengshi Zheng, Can Chen, Tanja Kemski, Anna Martens, Yingying Zhu

**Diplomarbeiten**
Yingying Zhu, Nengshi Zheng

**Laufzeit**
12/2005 – heute

**Dank**
Dieser Artikel und die Ausstellung beruhen auf einer großen Anzahl miteinander verbundener Projekte von Wasser Hannover, an denen von 2005 bis heute zahlreiche Wissenschaftler, Studierende und Fachleute unterschiedlicher Disziplinen – sowohl aus China als auch aus Deutschland – beteiligt waren. Dies wäre ohne den unermüdlichen Einsatz und das große persönliche Engagement von Chiyan Peng vom ITWH Institut für technisch-wissenschaftliche Hydrologie GmbH, der aus Changde stammt und seit vielen Jahren in Hannover lebt und arbeitet, gar nicht möglich gewesen, denn er schuf die Verbindung, um Wissen und Expertenwissen aus beiden kulturellen Kontexten auszutauschen. Die erfolgreiche Zusammenarbeit wäre auch ohne die herausragende Unterstützung und die Freundschaft zwischen den Städten Changde und Hannover nicht denkbar gewesen, die mit dem Projekt ihren Anfang nahm und im Zuge dessen wuchs.

# Kongjian Yu, Dihua Li

# Der Traum von Schwammstädten wird allmählich Wirklichkeit

Was Wasser anbelangt, so sieht sich China mit zwei Problemen konfrontiert, die miteinander in Beziehung stehen. Einerseits leidet das Land massiv unter Überschwemmungen im urbanen Raum. Chinas Hochgeschwindigkeitsurbanisierung führt zu einem enormen Anstieg von versiegelten Flächen und ablaufendem Regenwasser. Fließt dieses in die Kanalisation und in Flüsse, kommt es zu Problemen: Seit 2008 hat sich die Zahl an chinesischen Städten, die von Überflutungen betroffen sind, mehr als verdoppelt; von den 657 Städten in China erfüllt kaum die Hälfte die nationalen Normen zum Hochwasserschutz. Andererseits haben Chinas wachsende Städte einen gewaltigen Bedarf an frischem Wasser. Aufgrund von Übernutzung und Auswirkungen des Klimawandels sind extreme und bedrohliche Dürreperioden seit Ende der 1990er-Jahre noch gravierender geworden. UN-Maßstäben zufolge gilt die Hälfte der chinesischen Städte als wasserarm oder extrem wasserarm. Chronischer Wassermangel im Norden Chinas führte zur Errichtung eines 81 Milliarden US-Dollar teuren Kanals, der Wasser vom Süden in den Norden transportiert.

Als Reaktion auf diese enormen das Wasser betreffenden Herausforderungen erarbeiteten wir im Rahmen unserer Arbeit an der Universität Peking und bei Turenscape die Theorie der sogenannten Schwammstädte. Eine Schwammstadt ist eine Stadt, die Wasser auf natürliche Weise – mittels eines ökologischen Zugangs – halten, reinigen und ableiten kann. Mehr als genug Beton wurde zur Errichtung »grauer« Infrastruktur eingesetzt, und nun ist die Zeit gekommen, großzügig in eine neue »ökologische« Infrastruktur zu investieren. Auf der Theorie von Ökosystemdienstleistungen und auf den landschaftlichen Gegebenheiten basierend baut dieser Ansatz der Schwammstadt auf eine neue Form der hydroökologischen Infrastruktur. Sie verbindet die verschiedenen Maßstäbe und bietet eine

▲ Qunli-Feuchtgebiet-Nationalpark in Harbin, 2015

integrierte Lösung für das dringliche Wasserproblem in städtischen und ländlichen Regionen von China. Um eine Stadt umzubauen, damit sie »schwammartiger« wird, braucht es sowohl eine mentale als auch eine physische Umstellung und nichts weniger als eine völlig neue Philosophie des ökologischen Umgangs mit Wasser. Dies verlangt auch danach, für jede einzelne Situation die passenden Lösungen zu finden, betrifft es nun den lokalen Boden, das Klima, die Biodiversität oder die Kultur.

In den vergangenen zwei Jahrzehnten entwickelten und testeten wir das Konzept der Schwammstadt ganz konkret in zahlreichen groß angelegten Pilotprojekten wie dem Qunli-Feuchtgebiet Nationalpark in Harbin, der 2011 realisiert wurde. Es handelt sich dabei um einen 34 Hektar großen neuen Park, exakt in der Mitte der neuen Stadt Qunli gelegen, der als regionales Feuchtgebiet geschützt ist. Mit unserem Entwurf konnten wir nicht nur den bedrohten Feuchtgebietslebensraum erhalten und wiederherstellen, sondern auch das Gebiet in einen urbanen Regenwasserpark zur Sammlung, Reinigung und Versickerung des gesamten im Stadtgebiet anfallenden Niederschlagswassers umwandeln. Dieser öffentliche Erholungsraum bietet ästhetische Erfahrungen und fördert nicht zuletzt die städtische Entwicklung. Dieses Projekt zeigt, dass es durchaus machbar ist, mitten in der Stadt ein urbanes Feuchtgebiet zu erhalten und zu konzipieren und so mit relativ geringem Budget vielfältige Ökosysteme zu schaffen, indem man mit der Natur anstatt gegen sie arbeitet. Infolgedessen wurde der Regenwasserpark nicht nur zu einem beliebten städtischen Erholungsgebiet für Qunli New Town, sondern er wurde aufgrund der verbesserten ökologischen und biologischen Bedingungen sogar zum urbanen Feuchtgebiet-Nationalpark erklärt.

Unser Schwammstadtkonzept geht jedoch weit über international gängige Konzepte des Regenwassermanagements hinaus, um überschwemmungsadaptive Lösungen zu bieten. Das Yanweizhou-Projekt in Jinhua, das 2014 realisiert wurde, steht in einer Reihe von Demonstrationsprojekten. Aufgrund seines Monsunklimas ist Jinhua von alljährlichen Überschwemmungen betroffen. Um den letzten bestehenden Bereich an Uferfeuchtgebieten zu schützen, sollten hohe, stabile Mauern errichtet werden. Diese Flutmauern hätten jedoch eine trockene Parklandschaft über dem Wasser geschaffen und gleichzeitig das üppige und dynamische Ökosystem des Feuchtgebiets zerstört. Aus diesem Grund schlugen wir eine andere Lösung vor: Es gelang uns, die städtischen Behörden davon zu überzeugen, die Errichtung der Flutmauern aus Beton zu stoppen und andere abzureißen. Stattdessen schlugen wir als Ansatz vor, sich mit den Überschwemmungen »anzufreunden«. Um das Erdwerk im Gleichgewicht zu halten, wurde eine Strategie des Abtragens und Aufschüttens angewandt, indem ein Wasser gegenüber widerstandsfähiges terrassiertes Flussufer geschaffen wurde, das eine einheimische, an das Hochwasser angepasste Vegetation erhielt. Überflutbare Gehwege und Pavillons, die in der kurzen Periode der Überschwemmungen nicht für Besucher zugänglich sind, wurden in die Pflanzenterrassen integriert. Der fruchtbare Schlamm,

▲ Yanweizhou in Jinhua (Turenscape, Peking), 2015

den die Flut mit sich bringt, lagert sich auf den Terrassen ab und verbessert die Wachstumsbedingungen für die einheimischen hohen Gräser, die im Uferbereich wachsen. Die terrassierte Uferböschung soll zudem durch Filterung die Qualität des von den versiegelten Flächen abfließenden Niederschlagswassers verbessern.

Basierend auf vielen Jahren Forschung und Praxis wurden unterschiedliche Vorschläge an die Führungselite der chinesischen Regierung gesandt, um den Handlungsbedarf hinsichtlich eines ökologischen Ansatzes sowie der Realisierung von Schwammstädten auf nationaler Ebene zu verdeutlichen. Unsere Bemühungen wurden auch von anderen führenden internationalen und nationalen Experten auf dem Gebiet unterstützt, darunter von der internationalen Expertengruppe, die die Stadt Changde seit 2005 berät. Das öffentliche Bewusstsein wurde noch verstärkt durch die zunehmenden Probleme Chinas durch urbane Überflutungen, vor allem durch das Hochwasser in Peking im Jahr 2012, bei dem 79 Menschen ums Leben kamen, einige von ihnen auf der Straße oder in ihren Autos.

Im Rahmen der Konferenz der Zentralregierung zu Urbanisierung, die 2013 in China stattfand, sprach sich schließlich auch der chinesische Präsident Xi Jinping für das Konzept aus, indem er verlautbaren ließ, dass Städte »wie Schwämme« agieren sollten. Um diese nationale Initiative zu unterstützen, stellte die nationale Regierung 2015 einen erheblichen Betrag zur Finanzierung von 16 Pilotstädten zur Verfügung – eine davon ist Changde –, die für wasserbezogene Initiativen über einen Zeitraum von 3 Jahren bis zu 63 Millionen US-Dollar pro Jahr erhalten. 2016 stießen 14 weitere Städte dazu. Während vor dem Jahr 2013 niemand etwas mit dem Begriff »Schwammstadt« anfangen konnte, haben mittlerweile Stadtregierungen in ganz China das Konzept aufgegriffen. 2016 kündigte der chinesische Staatsrat eine Reihe neuer Leitlinien zur Urbanisierung an und erklärte, dass alle neuen städtebaulichen Entwicklungen über schwammstadtartige Wasserrückhaltefähigkeiten verfügen sollen, was diese Strategie gewissermaßen zum neuen nationalen Standard erhebt. Natürlich reicht es nicht, einfach nur einen Pilotpark oder ein Pilotviertel zu verwirklichen. Damit der Ansatz der Schwammstadt tatsächlich Auswirkungen zeigt, muss die graue Infrastruktur der Städte – darunter Kanalsysteme und Maßnahmen zum Hochwasserschutz – allmählich in größerem Umfang nachgerüstet werden. China hat durch die schnelle Verbreitung und Umsetzung dieser Innovationen gute Chancen, zu einem Pionier der großflächigen Realisierung des Schwammstadtkonzepts zu werden und Städten auf der ganzen Welt als Vorbild zu dienen.

Antje Stokman

Lima

## 8 Lima, Peru
## Stadt ohne Wasser

Die peruanische Hauptstadt Lima liegt an einer durch Wüsten geprägten Küste mit Blick über den Pazifik. Mit ihren mehr als 9,5 Millionen Einwohnern gilt Lima nach Kairo als die ausgedehnteste Wüstenstadt weltweit. Die durchschnittliche Niederschlagsmenge beträgt lediglich 9 Millimeter im Jahr. Die Gletscher, die die drei Hauptflüsse speisen, sind im Schmelzen begriffen, und der Grundwasserspiegel hat bereits ein kritisches Niveau erreicht. Aus diesem Grund gilt Lima als eine der Megastädte der Welt, die am stärksten vom Klimawandel bedroht sind. Zugleich sieht sich Lima mit einer enormen Ausbreitung seiner informellen Siedlungen konfrontiert. Diese nehmen Land mit wichtigen Funktionen für das Ökosystem ein wie nebelverhangene Lebensräume in den Bergen, Küstenfeuchtgebiete und Überschwemmungsgebiete an Flussläufen, aber auch fruchtbare, landwirtschaftlich geprägte Täler. Zudem lebt dort ein großer Bevölkerungsteil unter riskanten und gefährlichen Lebensbedingungen und ohne wichtige städtische Infrastrukturleistungen wie Wasserversorgung und Abwasserentsorgung, was sowohl zu schwerwiegenden Hygieneproblemen als auch zu Umweltzerstörungen führt. Etwa 20 % der Bevölkerung von Lima, die hauptsächlich in den Hügeln und den Stadtrandgebieten lebt, verfügt über keinen Zugang zur öffentlichen Wasserversorgung oder zur Abwasserentsorgung. Diese Menschen beziehen Trinkwasser – oftmals in äußerst mangelhafter Qualität – zu hohen Preisen von privaten Verkäufern.

◀ Lima, eine Stadt in der Wüste: Luftaufnahme von informellen Siedlungen am Fuße der Anden, 2012

## Die Herausforderungen von Limas urbanem Wasserkreislauf

Damit die städtische Vegetation in einer Wüstenumgebung gedeihen kann, müssen gewachsene Parks, Gärten und Straßenbepflanzung in Lima bewässert werden. Aufgrund der Wasserknappheit und der urbanen Segregation in der Stadt gibt es in vielen staubigen Vorortgebieten weniger als zwei Quadratmeter an Grünflächen pro Person, während in reicheren Bereichen mehr als 20 Quadratmeter an Grünflächen pro Person zur Verfügung stehen. Insgesamt zählt Lima zu den lateinamerikanischen Städten mit den wenigsten Grünflächen pro Einwohner. Die Mehrheit der städtischen Grünflächen ist dekorativ gestaltet, mit einem Schwerpunkt auf wasserintensiven Rasenflächen und künstlichen Wasserflächen – ungeachtet der Wüstenumgebung. Dies hat einen enorm hohen Wasserverbrauch zur Folge, der durch das mangelnde Bewusstsein der Bevölkerung für die Notwendigkeit des Wassersparens und durch ineffiziente Technologien noch verstärkt wird.

Zudem entspricht das aufbereitete Abwasser der meisten Kläranlagen im Großraum Lima nicht den Standards für die Bewässerung von Grünflächen. Deshalb wird nur ein Bruchteil des aufbereiteten Abwassers offiziell für die Bewässerung genutzt (im Jahr 2011 waren es 10 %), obwohl die Verwendung von Trinkwasser für die Bewässerung die ohnehin beschränkten, knappen und teuren Wasserressourcen noch mehr belastet. Trotz der Wasserknappheit wurde das aufbereitete Abwasser bisher nicht als Ressource betrachtet, sondern in Flüsse, Kanäle und den Ozean geleitet, und dies oft in unzureichender Qualität. Aufgrund der hohen Kosten und des Mangels an Trinkwasser werden nicht aufbereitete Abwässer in zahlreichen informellen Gebieten jedoch illegalerweise und mit katastrophalen hygienischen Konsequenzen zur Bewässerung verwendet. Weder teilen die Behörden, die für die verschiedenen Wasserbelange zuständig sind, ihre Daten, noch koordinieren sie ihre Aktionen. Sowohl Limas hydrologisches System als auch seine urbane Landschaft verlangen nach einem radikalen Umdenken, damit die technischen Systeme und die Landschaftssysteme in Übereinstimmung miteinander funktionieren und mit dem steigenden Wasserbedarf einer wachsenden, lebenswerteren und grünen Stadt Schritt halten können.

◀ Die zwei Seiten eines Berges, mit den teuren Villen der Reichen auf der einen Seite und den informellen Siedlungen der Armen auf der anderen Seite, durch eine Mauer getrennt, 2016

▲ Luftaufnahme von informellen Siedlungen im Bezirk Ate, 2013

## Internationale Forschungskooperation unterstützt Limas zukünftige wassersensible Stadtentwicklung

Von 2008 bis 2014 regte das deutsch-peruanische Projekt »Nachhaltiges Management von Wasser und Abwasser in urbanen Wachstumszentren unter Bewältigung des Klimawandels – Konzept für Lima Metropolitana (Peru)« (LiWa) Dialoge an und entwickelte Szenarien, Instrumentarien, Technologien, integrierte Planungsstrategien und Pilotprojekte für Limas zukünftige wassersensible Stadtentwicklung. Ein neuer Zugang, der Infrastrukturplanung, Landschafts- und Stadtplanung kombiniert, dient als Katalysator für die wassersensible Stadtentwicklung und unterstützt die Gestaltung einer alternativen Wasserkultur für Limas Zukunft.

Die Lima Ecological Infrastructure Strategy (LEIS) zeigt verschiedene Strategien auf, um den Wasserkreislauf in ein multifunktionales Freiraumsystem einzugliedern, das diesen zugleich verbessern wie auch schützen und als Rahmenstruktur für die

Loma-Ökosystem und informelle Siedlungen in der Regenzeit, 2013

urbane Entwicklung dienen soll. Es betont die Notwendigkeit, die aktuelle städtische Wasserwirtschaft im Hinblick auf die Trockenheit einer Wüstenstadt und unter Berücksichtigung der Stadt als »Wasserquelle« und »Wassereinzugsgebiet« zu adaptieren. Zugleich ist es bestrebt, die Widerstandsfähigkeit der Stadt zu stärken, damit diese dem Klimawandel besser begegnen kann. Dies geschieht durch eine Förderung von dezentralisierten, technisch einfachen Wasserreinigungstechnologien, der Wiederverwendung von recyceltem Wasser für die Bewässerung, der Nutzung des Nebels zur Wassergewinnung und der Umsetzung von weniger wasserintensiven Pflanzungen. Basierend auf einer Satellitenbildanalyse und einem Instrumentarium, welches auf einem geografischen Informationssystem (GIS) beruht, um die Stadt als System verschiedener »hydro-urbaner Einheiten« zu begreifen, wurden übergeordnete Planungsprinzipien und politische Empfehlungen als Beitrag für den Regionalplan entwickelt sowie ein Entwurfshandbuch und ein Berechnungsprogramm für den Wasserverbrauch verschiedener Entwurfsalternativen entworfen. Das Handbuch zeigt verschiedene wassersensible Designstrategien für unterschiedliche Typologien des städtischen Raumes im Hinblick auf ihre urbane Struktur und Freiflächensysteme (formell und informell), ihre Geomorphologie (Topografie und Geologie) sowie ihre hydrologischen Aspekte (Verfügbarkeit von Wasserquellen und den aktuellen Status der Wasserinfrastruktur).

Wasser-Lkw beliefern informelle Siedlungen mit Trinkwasser, 2013

Begrünung trotz Wasserknappheit in informellen Siedlungen, 2012

▲

Loma-Ökosystem und informelle Siedlungen in der Trockenzeit, 2013

## Das Wassereinzugsgebiet des unteren Chillón-Flusses als Demonstrationsgebiet für räumliche Strategien und Pilotprojekte

Um eine wassersensible Stadtentwicklung in der Praxis zu demonstrieren, dient das Wassereinzugsgebiet des unteren Chillón-Flusses im Norden von Lima und Callao als Demonstrationsgebiet. Hier führt der Fluss zwischen Mai und Dezember kein Wasser, während er den Rest des Jahres zum reißenden Strom wird und Überflutungen in den städtischen Gebieten verursacht. Erhebliche Verunreinigungen beeinträchtigen die Wasserqualität in unterschiedlichen Abschnitten des Flusses, darunter die Entsorgung von Rohabwässern aus Haushalten und industrielle Abwässer, der Abfluss aus landwirtschaftlichen Gebieten mit einer hohen Düngemittelkonzentration sowie unzureichend aufbereitete Abwässer aus Kläranlagen. Bewässerungskanäle leiten verschmutztes Wasser aus dem Fluss in landwirtschaftliche Flächen, um damit die verbleibenden bewirtschafteten Felder im Tal zu bewässern. Inmitten der Felder stellen einige Stätten aus der Vor-Inka-Zeit, wie der Tempel El Paraiso (2000 v. Chr.), einen kulturellen Höhepunkt in dieser Zone dar, die der Öffentlichkeit jedoch kaum zugänglich sind.

Um Möglichkeiten für eine wassersensible Raumentwicklung aufzuzeigen, wurde im Rahmen des Forschungsprojekts ein strategischer Landschaftsrahmenplan für das Wassereinzugsgebiet des unteren Chillón-Flusses konzipiert, der mit seinem integrativen Zugang als Vorbild für das gesamte Wassereinzugsgebiet gelten kann. Dieser Plan verbindet Wassermanagement und Landschaftsplanung in Kombination mit sozialen, kulturellen und wirtschaftlichen Aspekten und stellt somit die Leitlinie für die Realisierung eines wassersensiblen Demonstrationsgebietes dar. Er definiert wichtige strategische Projekte, wie ein System öffentlicher Räume entlang der Bewässerungskanäle sowie ein neues Deichsystem, das als Teil des zukünftigen Río-Chillón-Parks eine Pflanzenkläranlage zur Wasseraufbereitung für die Nutzung des Wassers in der Landwirtschaft beinhaltet. Zudem entwickelten Studierende im Rahmen von Studienabschlussprojekten zusätzliche strategische Konzepte für andere Standorte, zum Beispiel den Vorschlag für einen Loma-Park, der den Nebel auf den Hügeln nutzt. Das Flussparkprojekt wurde detailliert ausgearbeitet und von der Kommunalverwaltung für Parkservices in Lima (SERPAR) angenommen, die das Budget für die Errichtung bereitstellte. Alle Pläne und Projekte wurden den lokalen Planungsbehörden von Lima vorgelegt, mit dem Ziel, dass diese in tatsächlichen Planungsprojekten und dem Stadtentwicklungsplan für den Großraum Lima Berücksichtigung finden.

Der Bau von Prototypen einer wassersensiblen Stadtentwicklung während der Sommeruniversität, 2012

Beteiligungsworkshop für den Entwurf des Parque de los Niños in Chuquitanta, 2012

Technische Kontrolle der Pflanzenkläranlage im Parque de los Niños, 2015

Der Park hat sich über die Zeit gut entwickelt und wird von den Kindern intensiv genutzt, 2016

## Lernen durch partizipatorisches Entwerfen und experimentelle Lösungsansätze

Um mit der tatsächlichen Umsetzung der strategischen Projekte zu beginnen, wurden verschiedene prototypische Lösungsansätze geplant und erstellt, um wassersensible Lösungen in kleinerem Maßstab zu kommunizieren, zu testen und zu fördern. Diese Vor-Ort-Lösungen wurden im Rahmen zweier interdisziplinärer Sommerkurse von deutschen und peruanischen Studierenden der Fachrichtungen Architektur, Ingenieurwesen, Landwirtschaft und Sozialwissenschaften entwickelt. Der Prozess startete mit einer Reihe minimaler, zeitlich begrenzter Installationen, die in Bezug zu den unterschiedlichen Wasserquellen sowie zu den Räumen und Akteuren im jeweiligen Gebiet standen, wobei die Realisierbarkeit der verschiedenen Konzepte sowohl mit Experten mehrerer Institutionen als auch mit Vertretern der lokalen Gemeinschaft diskutiert wurden. Die experimentelle Realisierung der Prototypen vor Ort und die öffentliche Präsentation der Ergebnisse im Stadtzentrum von Lima zog die Aufmerksamkeit auf die Ansätze und die Notwendigkeit wassersensibler Stadtentwicklung in diesem Gebiet.

Auf Grundlage dieser Erfahrungen wurde ein erstes Pilotprojekt konzipiert, um zu zeigen, wie die verschmutzten Abwässer bestehender Bewässerungskanäle zur Bewässerung urbaner Grünflächen aufbereitet werden können, die weniger Wasser als ein konventioneller Park verbrauchen und zugleich einen attraktiven öffentlichen Raum für die Gemeinschaft darstellen. Der 2014 realisierte Park besteht aus drei Grundelementen, nämlich einer Pflanzenkläranlage mit einem Reservoir für aufbereitetes Abwasser, einer begrünten Fläche mit Obstbäumen und einem Spielbereich mit trockenen Oberflächen und schattenspendenden Bäumen für Kinder. Die Entwurfsphase des Parks, bei der

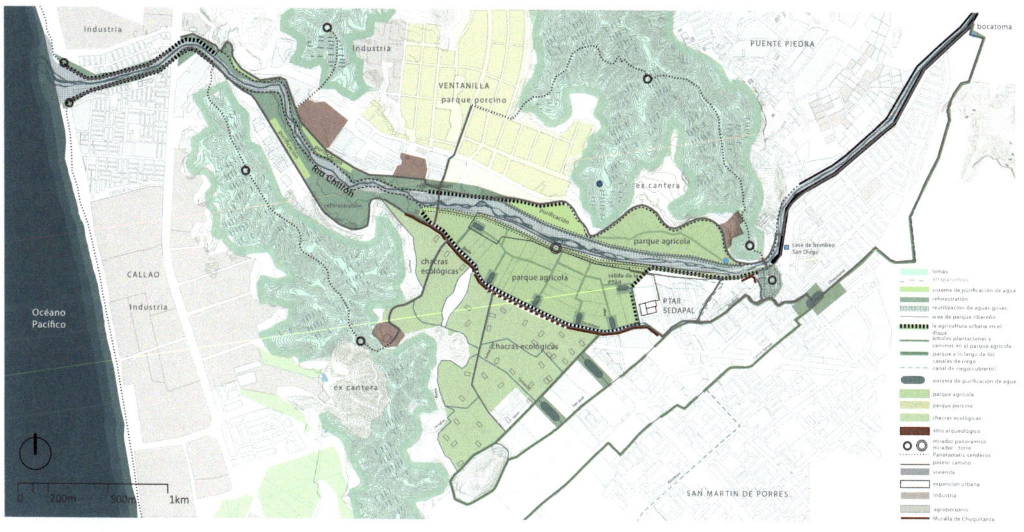


▲ Der Rahmenplan für eine grüne Infrastruktur des Wassereinzugsgebiets am unteren Chillón-Fluss, 2013

▼ Der Parque de los Niños in Chuquitanta am Tag der Eröffnung, August 2014

▼ Entwurf für einen Loma-Park, Visualisierung während der Trockenzeit, 2012

▼ Chillón-Fluss in der Trockenzeit ohne Wasser, 2013

▼ Chillón-Fluss in der Regenzeit mit Wasser, 2013

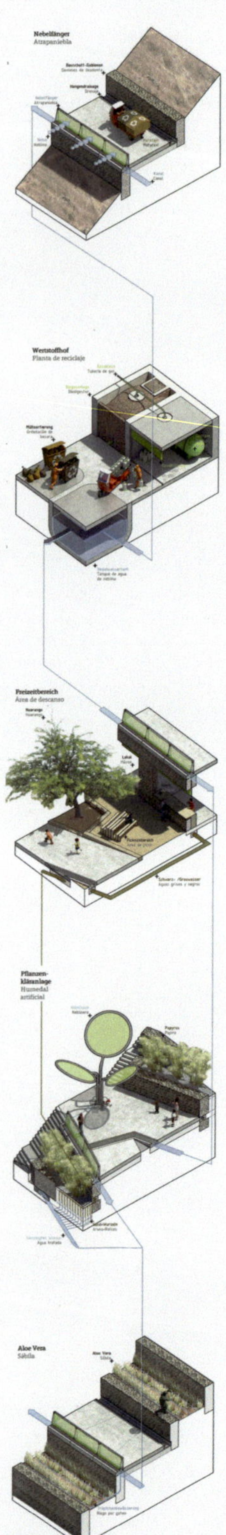


◀
Entwurfskomponenten des Wasserkreislaufs im Loma-Park, 2012

ein partizipatorischer Ansatz verfolgt wurde, diente der Förderung des Dialogs zwischen Nachbarschaft, Bewässerungskommission Chuquitanta und lokalen Behörden. Obwohl die Verbesserung der Beziehungen zwischen den unterschiedlichen Akteuren insgesamt erfolgreich war, gab es Spannungen in der Frage zum Umgang mit der gemeinsamen Verantwortung und den unterschiedlichen Erwartungen hinsichtlich der Unterhaltung des Parks. Der Aufbau starker Partnerschaften zwischen diesen Beteiligten ist ganz wesentlich für den aktuellen und zukünftigen Bestand des Parks mit seiner integrierten Abwasseraufbereitungsanlage.

Alles in allem zeigt das Projekt »Lima – Beyond the Park« neue Entwurfsansätze für die ressourcenoptimierende Gestaltung von Freiräumen auf: von einem »bildbasierten« hin zu einem »wirkungsbasierten« Freiraumdesign. Urbaner Freiraum wird nicht länger als teurer und ressourcenintensiver Luxus betrachtet, sondern die im Rahmen des Projekts entwickelten Gestaltungsstrategien zeigen, wie urbane Freiräume dazu beitragen können, Wasser zu sparen, zu reinigen und aufzubereiten, Nährstoffe zu recyceln oder sogar Wasser zu gewinnen.

●

## Projektangaben

**Projekttitel**
Lima – Beyond the Park

**Projektteam**
Prof. Antje Stokman, Dr. Bernd Eisenberg, Eva Nemcova, Rossana Poblet (Institut für Landschaftsplanung und Ökologie, Universität Stuttgart)

**Auftraggeber/Fördergeber**
BMBF Future Megacity Programm, DAAD, Sto-Stiftung

**Projektbeteiligte**
Dr. Manfred Schütze, ifak Magdeburg (Gesamtkoordination BMBF-Projekt LiWa), Dr. Christian D. León, ZIRIUS, Universität Stuttgart (Koordination Perú BMBF-Projekt LiWa), Prof. Dr. Arthur Mennerich, Ingeborg Joost, Henning Schuba (Ostfalia University of Applied Sciences, Faculty of Construction-Water-Soil), Juan Espinola, Luis Jara, Claudia Santisteban (Metropolitan Planning Institute, Lima), Linda Zilbert, Liliana Miranda (NGO FCPV Lima), Julio Moscoso (Berater, Lima), Prof. Rosa Miglio (Universidad Nacional Agraria La Molina), Prof. Rosa Yaya (National University of Engineering, CITRAR UNI, Lima), Cesar Palomino, Paul Lopez, Rosa Gutierrez (Berater Bewässerungssystem, Infrastrukturmanagement, Bauaufsicht), Kia Miranda, Mercedes Romero (Sozialarbeit), Eduardo Zambrano, Carlos Restrepo, Frédérique Jonnard (Bauplane), Merino Reyna Evelyn (Fotografie und Video), AKUT Peru, Milagros Juarez, Rodolfo Navarro (Vertreter der Gemeinschaft von La Florida II), Maribel Zapater-Pereyra (UNESCO-IHE), Marius Ege, Andrea Balestrini, Raoul Humpert, Louis Maldonado, Katherine Polo

**Kooperationspartner**
Metropolitan Planning Institute (IMP, Lima), Juan Reiser (CIAC, Pontificia Catholic University of Peru, Lima), Jochen Beerhalter (Umweltbüro, Ministerium für Wohnungsbau, Bau und Sanitärversorgung, Lima), Sedapal (Trink- und Abwasserservice Lima), Serpar (Parkservice, Lima), Luis Alvarado (Kommunalverwaltung San Martin de Porres), Centro de Investigación de la Arquitectura y la Ciudad-CIAC (PUCP, Lima), National University of Engineering (UNI, Lima) – Research Centre for Wastewater Treatment and Hazardous Waste (CITRAR Lima), Universidad Nacional Agraria La Molina (UNALM, Lima)

**Studierende:**

**Entwurfsstudio Wintersemester 2011/12**
Christos Antoniou, Andrea Balestrini, Lisa Gänsbauer, Meike Hammer, Sofia Holder, Nefeli Marilena Kaltsouni, Anna Ilonka Kubler, Maximilian Mehlhorn, Silke Mittnacht, Anna Oelrichs, Julian Andreas Winkelhofer, Leonie Wipf, Dessire Velez

**Sommeruniversität 2012**
Christos Antoniou, Andrea Balestrini, Marius Ege, Lisa Gänsbauer, Meike Hammer, Sofia Holder, Nefeli Marilena Kaltsouni, Anna Ilonka Kübler, Maximilian Mehlhorn, Silke Mittnacht, Anna Oelrichs, Julian Winkelhofer, Leonie Wipf, Dessire Velez, Pamela Acuña, Tania Barrenechea, Andrea Pérez Fu, Jonathan Lapel, Ricardo Pacheco, Pablo Pajares, Katherine Polo, Rolando Tafur, Kathya del Pilar Aliaga, Luis Maldonado Cueva, Carolina Espinoza, Danny Paytán Ordoñez, Annie Salvador Rosas, Víctor Huaman Torres, Bruno Arce, Diego Rios, Kara McElhinney

**Entwurfsstudio Wintersemester 2012/13**
Silvana Bay, Benjamin Feller, Karin Hauser, Astrid Paul, Carmen Schwarz, Veronica Schubach, Ines Wulfert, Omar Cuya, Andrea Dominguez, Andrea Ramirez, Jose Ojeda, Cinthya Barros, Lizbeth Fernandez, Jonathan Jaramillo

**Sommeruniversität 2013**
Tjark Bornemann, José Cáceres, Eva Damm, Joselyn Daniel, Benjamin Feller, José Gutierrez, Jonathan Jaramillo, Rosa Paredes, Astrid Paul, Andrea Ramírez, Luis Santos, Carmen Schwarz, Paul Stegmann, Petra Wiesbrock, Jessie Wolters, Ines Wulfert, Juan Carlos Zapata, Alicia Aguinaga, Cynthia Aguirre, Andrea Asman, Silvana Bay, Claudia Coronel, Andrea Dominguez, Karin Hauser, Hawell Huarhuachi, Dimitra Megas, Mirko Mertens, Ana Quinto, Arturo Salazar, Genevieve Sevlo, Diego Suero, Marianne Trauten, Magdalena Wallkamm

**Diplom-/Masterarbeiten 2012 – jetzt**
Marius Ege, Andrea Ballestrini, Astrid Paul, Bruno Arce

**Laufzeit**
04/2011 – heute

Rosa Maria Miglio Toledo De Rodriguez

# Lektionen aus dem Parque de los Niños

Da Lima eine der lateinamerikanischen Städte mit den wenigsten Grünflächen ist, besteht ein hoher Bedarf, Innovationen zur Schaffung öffentlicher Grünflächen – besonders für die arme Stadtbevölkerung – zu entwickeln. Bislang werden die meisten öffentlichen und privaten Grünflächen in Lima entweder mit dem knappen Trinkwasser oder mit verschmutztem Oberflächenwasser bewässert, während die Wiederverwendung von aufbereiteten Abwässern im Jahr 2011 nur 10 % betrug (Kosow u. a. 2013). Deshalb sollte die Nutzung von Technologien zur Abwasserreinigung und zum Abwasserrecycling für die Bewässerung von Grünflächen in einer trockenen Großstadt wie Lima gefördert werden. Der Vorteil einer auf der Natur beruhenden Technologie von Pflanzenkläranlagen liegt darin, dass sie gewissermaßen selbst Grünflächen hervorbringt und sich deshalb sehr gut in die Freiraumgestaltung von Trockengebieten integrieren lässt.

Als Teil des Forschungsprojekts »LiWa« (Lima Water) wurde ein Pilotprojekt konzipiert, durchgeführt und getestet, um die Anwendbarkeit eines solchen Konzepts im Kontext von Lima zu evaluieren. Das Hauptanliegen des Projekts war die Umsetzung eines Klärparks innerhalb eines Stadtrandgebiets ohne Zugang zu öffentlicher Wasserversorgung oder Abwasserentsorgung – was auf viele der bestehenden informellen Siedlungen mit nahezu einer Million Menschen in Lima zutrifft. Eine Pflanzenkläranlage als wesentliches Gestaltungselement des Parks sollte Abwasser so aufbereiten, dass es für die Bewässerung von Grünflächen verwendet werden kann; der Park sollte zudem weniger Wasser verbrauchen als ein gewöhnlicher Park in Lima und gleichzeitig einen attraktiven öffentlichen Raum für die Gemeinschaft bieten. In einem größeren Kontext sollte das Projekt also Überlegungen zum Potenzial von »wassersensibler Stadtentwicklung« anstellen, um Städte mit trockenen Klimabedingungen beim Umgang mit Wasserknappheit und den Auswirkungen des Klimawandels zu unterstützen.

Das Pilotprojekt, der Wasserreinigungspark »Parque de los Niños«, befindet sich in der Gemeinde La Florida II, im Bezirk San Martin de Porres im Norden Limas. Das informelle Wohngebiet ist gerade dabei, eine baurechtliche Genehmigung zu erlangen, die in Kraft tritt, sobald die Immobiliengesellschaft die grundlegende Infrastruktur fertiggestellt hat. Dieses Pilotprojekt befindet sich direkt neben einem stark verschmutzten Bewässerungskanal, der 2012 in einen Betonkanal umgebaut wurde, um den Anforderungen für die Formalisierung von La Florida II zu entsprechen. Die Entfernung von Bäumen und Gras entlang des neuen Kanals führte zu einem Konflikt zwischen den Bewohnern und den kommunalen Behörden, da Erstere der Ansicht waren, dass der Legalisierungsprozess »gegen die Umwelt« handle und damit ein Verschwinden städtischen Grüns aus ihrer direkten Umgebung einhergehen würde. Aus diesem Grund musste das Pilotprojekt auch die Schaffung von Synergien und die Lösung von Konflikten zwischen den unterschiedlichen Akteuren umfassen, darunter die Gemeindevertreter, die Kommission zur landwirtschaftlichen Bewässerung und die Kommunalverwaltung von San Martin de Porres. Das vom Institut für Landschaftsplanung und Ökologie der Universität Stuttgart geleitete Projektteam verfolgte einen partizipatorischen Zugang, um den Dialog erneut zu eröffnen und eine gemeinsame Vision für die Zukunft des Freiflächensystems von La Florida II zu schaffen.

Technisch betrachtet umfasst der Park drei Hauptelemente, darunter ein Pflanzenkläranlagensystem mit einem Reservoir für das aufbereitete Abwasser, ein begrüntes Erholungsgebiet mit Obstbäumen für die passive Erholung und einen Spielbereich für aktive Erholung mit trockenen Flächen und schattenspendenden

▲ Wassereinzugsgebiet am unteren Chillón-Fluss, Lima, 2014

▼ Siedlung La Florida II mit Bewässerungskanal San José und dem Projektgebiet auf der linken Seite des Kanals vor Beginn der Bauarbeiten, 2014

▲ Pflanzenkläranlage mit Sitzbank, Holzterrasse und Informationstafel zur abenteuerlichen Reise des Wassertropfens »San Pepito«, 2015

▼ Grünes Erholungsgebiet und trockener Spielbereich im Vordergrund, 2015

Bäumen. Die Pflanzenkläranlage liegt an der höchsten Stelle des Parks, um möglichst wenig pumpen zu müssen. Ihr erhöhter Rand wurde als Sitzbank mit einer Holzterrasse und erklärenden Informationstafeln konzipiert, um die Bewohner über die Wasserquelle und -qualität, den Aufbereitungsprozess sowie die Wiederverwendung in Kenntnis zu setzen. Die Pflanzenarten in der Pflanzenkläranlage tragen wesentlich zum ästhetischen Aspekt des Systems bei und sind ein wichtiges Gestaltungselement des Parks. Nur 40 % der gesamten Parkfläche sind mit Gras und einheimischen Obstbäumen bepflanzt. Der übrige Bereich besteht aus trockenen Oberflächen mit Solitärbäumen einheimischen Ursprungs (Mimosen) und Xerophyten (Trockenpflanzen). Die sorgfältige Auswahl von Vegetation und der Einsatz eines Druckbewässerungssystems führen zu einem niedrigen Gesamtverbrauch an Wasser in dem Gebiet.

Nach der Eröffnung des »Parque de los Niños« im August 2014 wurde im Rahmen einer Studie die Funktionsfähigkeit der Pflanzenkläranlage und deren Akzeptanz bei der Lokalbevölkerung evaluiert. Die Ergebnisse der Untersuchung ergaben, dass sich die Wasserqualität drastisch verbessert hatte und es zudem zu einer Reduzierung der Trübung sowie des biochemischen Sauerstoffbedarfs und der fäkalen Kolibakterien gekommen war. Die positiven Auswirkungen der Aufbereitungsanlage reduzierten also das Gesundheitsrisiko, die Geruchsbelästigung und die Anzahl an Krankheitserregern, die sich über das Wasser verbreiten. Bedenken bestehen weiterhin, was die vorhandenen Insekten betrifft, ein Punkt, der weiter untersucht werden sollte. Was die sozialen Belange angeht, so hat die Parkentwicklung nach Ansicht der Bewohner dazu beigetragen, die Beziehung zwischen den Akteuren zu verbessern. Der Betrieb und die Erhaltung durch die Bezirksverwaltung stellt jedoch weiterhin eine Herausforderung dar. Die städtischen Arbeiter sind nicht gut ausgebildet und zu wenige, um sich um alle öffentlichen Räume kümmern zu können. Obwohl die Bewohner Steuern für öffentliche Dienste und die Erhaltung öffentlicher Räume bezahlen, erhalten sie keine ausreichende Unterstützung. Insgesamt bleibt also die Kooperation zwischen diesen Interessensgemeinschaften die vordringlichste Herausforderung für die gegenwärtige und zukünftige Dauerhaftigkeit des Parks. Auch Sicherheitsprobleme stellen eine Schwierigkeit dar, da die umgebenden Gebiete durch Kriminalität, Alkohol- und Drogenmissbrauch geprägt sind. Die ursprüngliche Höhe der Wasserpflanzen könnte ein perfektes Versteck für Kriminelle abgeben. Nachdem es einen versuchten Angriff im Park gegeben hatte, beschloss die Gemeinde, die Vegetation auf eine mittlere Höhe zu kürzen.

Alles in allem lieferte die Untersuchung des Projekts nach vier Jahren Forschungsarbeit und einem partizipatorischen Entwurfsprozess im Pilotgebiet des unteren Chillón-Flusses wichtige Ergebnisse für den nachhaltigeren Einsatz von Wasserressourcen in Lima. Es gelang, die Bewohner, städtische und lokale Behörden, peruanische und internationale Studenten sowie Forscher miteinzubeziehen, um – basierend auf Einsparung, Aufbereitung und Recycling von Abwässern in einer ariden Stadt – Möglichkeiten für ein radikales Überdenken der Planung des öffentlichen Raumes aufzuzeigen.

●

Dank

Ohne den großen Enthusiasmus von Eva Nemcova und Rossana Poblet, die das Projekt vonseiten des Instituts für Landschaftsplanung und Ökologie an der Universität Stuttgart in Zusammenarbeit mit Cesar Palomino, Paul Lopez und Rosa Gutierrez koordiniert haben, wäre dieses Unterfangen nicht möglich gewesen. Die Gemeinschaft von La Florida II erbrachte die Leistung, den Prozess mitzugestalten und Entwurf, Errichtung, Erhaltung und Betrieb des Parks zu unterstützen. Zudem finanzierten das deutsche Bundesministerium für Bildung und Forschung (BMBF), die Kommunalverwaltung von San Martin de Porres und die Gemeinde La Florida II das Projekt mit dem Ziel, der Gemeinschaft einen neuen Grünraum zu ermöglichen, der dazu beitragen kann, sozioökologische Konflikte in dem Gebiet zu reduzieren.

# Christian Werthmann

# Medellín

## 9 Medellín, Kolumbien
## Auf unsicherem Terrain

Wenn es in Medellín länger regnet, dann besteht die Gefahr, dass in den Steilhängen der Stadt gewaltige Erdmassen abrutschen. An die 850 Menschen sind bei diesen Ereignissen in den letzten hundert Jahren ums Leben gekommen. Einer der katastrophalsten Erdrutsche riss 1987 in Villatina 500 Menschen in den Tod. Die Erdrutsche ereignen sich hauptsächlich in den verwitterungsanfälligen Vulkangesteinen der Nordosthänge der Zweieinhalb-Millionen-Metropole, genau da, wo über die letzten 50 Jahre das stärkste informelle Stadtwachstum stattfand. Informelles Stadtwachstum in Medellín bedeutet, dass zumeist einkommensschwache Bürgerkriegsvertriebene sich ihre eigenen Häuser ohne Baugenehmigung in den unwegsamen Steilhängen bauen. Nach Aussagen der Behörden liegen an die 45 000 dieser Häuser in erdrutschgefährdeten Zonen. Die Stadt plant die Menschen in Sozialwohnungen umzusiedeln, doch dies ist ein äußerst kostspieliges und langwieriges Unternehmen. Zudem sehen viele der Menschen, die dort wohnen, das anders. Viele fühlen sich durch die Umsiedlungspläne der Stadt gegängelt und wollen lieber in ihren Häusern bleiben.

▸ Bewohnerin der Steilhänge Medellíns, 2013

*»Wir kommen von den Bergen. Die Stadt mag uns vielleicht ablehnen, die Berge empfangen uns jedoch mit offenen Armen.«*

▸ Bürgerkriegsflüchtling und Bewohner der Steilhänge Medellíns, 2013

*»Wenn ich dageblieben wäre, von wo ich herkomme, dann wäre ich jetzt sicher tot. Aus meiner Sicht sind die Erdrutsche ein Übel, mit dem ich leben kann.«*

◂ Medellíns neue Siedler bauen ihre Häuser in hangrutschgefährdeten Steilhängen. Durch Wegebau und Böschungsabgrabung wird die Vegetationsdecke geöffnet und das Erdrutschrisiko steigt, 2015

Trotz städtischem Bebauungsverbot wird noch weiter rasant in den gefährlichen Hängen gebaut. Extrapoliert man die derzeitigen Wachstumsraten von ganz Medellín, dann werden um 2030 etwa 70 000 mehr Menschen in diesen lebensgefährlichen Hängen wohnen. Was tun?

In dieser Situation hat sich das kolumbianische Planungsinstitut »urbam« der EAFIT-Universität unter der Leitung des Architekten Alejandro Echeverri mit dem Fachgebiet Landschaftsarchitektur und Entwerfen der Leibniz Universität Hannover unter meiner Leitung zusammengetan, um im Auftrag der Stadtregierung alternative Szenarien für Medellíns Nordosthänge zu entwickeln. In einer ersten regionalen Studie (»Rehabitar la Ladera, Shifting Ground«, 2012) betrachtete unser Team zusammen mit einem Geologen das ganze Aburrá-Tal hinsichtlich zweier Gesichtspunkte: die Geschichte und Zukunft informellen Wachstums in Medellín sowie die Lage und Logik von Erdrutschen in diesem Tal.

Eine wichtige Erkenntnis war, dass die Festlegung von absoluten Bebauungsgrenzen in Medellín zu einer erhöhten informellen Bautätigkeit außerhalb dieser Grenzen geführt hat – damit also das genaue Gegenteil erreicht worden war als intendiert. Diese Erkenntnis verleitete uns nach Strategien zu suchen, die nicht auf »harten« Verboten fußen, sondern auf »weichen« Angeboten für die ansässige Bevölkerung.

Die zweite wichtige Erkenntnis war, dass es eine Vielfalt von Erdrutscharten in Medellíns Hängen gibt. In manchen Zonen sind die Erdrutsche so tief liegend, dass es kein Heilmittel dagegen gibt. Die Erde saugt sich tiefgründig mit anschwellendem Grundwasser voll und rutscht ab. Dagegen gibt es andere Zonen, in denen die Erdrutsche flacher und durch ungenügende Entwässerung begründet sind (zum Beispiel durch vermüllte Drainagegräben oder schlecht gebaute Straßen). In diesen Zonen könnte man leben, wenn man die Entwässerung in den Griff bekäme.

Als wir in der Studie die Geologie des Aburrá-Tales mit dem zu erwartenden informellen Wachstum überlagerten, kamen wir zu dem ernüchternden Ergebnis, dass auch weiterhin ein Großteil der informellen Bebauung in erdrutschgefährdeten Lagen zu erwarten sei. Nun war der Druck gegeben, nicht nur über nachbessernde, sondern auch über antizipierende Strategien nachzudenken.

In einer umfangreicheren Folgestudie erweiterten wir unser interdisziplinär besetztes Team um eine Biologin und eine Soziologin, mit denen wir dann zwei rapide expandierende Stadtviertel, La Cruz und La Honda, mit ca. 4000 Häusern und 16 000 Bewohnern untersuchten. Wir wollten uns ein genaueres Bild von den Wünschen, Bedürfnissen und Aktivitäten der Bewohner sowie den physischen Gegebenheiten vor Ort machen. In zahlreichen Interviews und Bürgerversammlungen stellte sich heraus, dass die meisten Bewohner sich ihres Risikos durchaus bewusst waren, es aber im

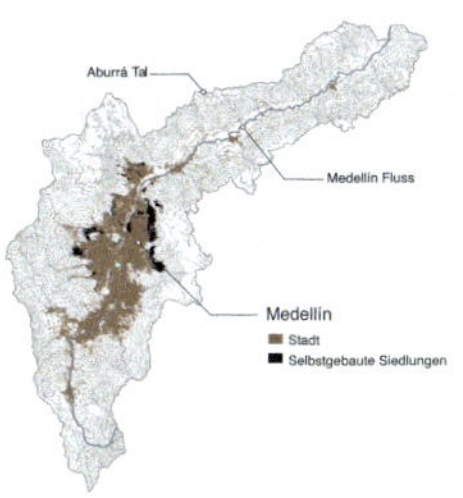


▲ Die Stadt Medellín und ihre informellen Siedlungen in Schwarz, 2013

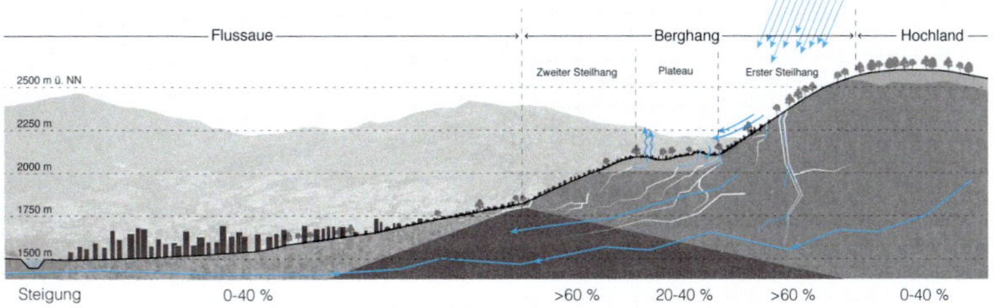


▲ Selbst gebaute Siedlungen wachsen selbstständig immer weiter die erdrutschgefährdeten Hänge hinauf, 2014

Vergleich zu anderen Risiken wie zum Beispiel dem möglichen Verlust ihrer Erwerbsmöglichkeiten als vernachlässigbar empfanden.

▸ Enfren Gonzales, Tagelöhner, Bewohner der Steilhänge Medellíns, 2015

*»Ich weiß, dass mein Haus von Erdrutschen gefährdet ist, aber ich denke nicht zu viel darüber nach, denn ich habe sowieso keine Möglichkeit, woanders hinzuziehen.«*

Viele der Befragten waren sogar stolz in den Hängen zu leben, bezeichneten sich als »Bergvolk« und wollten nicht mehr weg. Die ältere der beiden Gemeinden, La Cruz, war erstaunlich gut durchorganisiert mit einer eigenen »Defensa Civil«, einer Gruppierung mit 500 Volontären – eine Art freiwillige Feuerwehr –, die sich in Krisenzeiten gegenseitig aushelfen.

▼ Blick von La Cruz auf Medellín, 2014

Modell: La Honda und La Cruz, 2016

Einem »weichen« Ansatz getreu stellte unser Team die Bürger in das Zentrum unserer Überlegungen. Gewisse Prinzipien wurden festgelegt, lebensgefährdendes Risiko sollte so weit wie möglich reduziert werden durch Maßnahmen, welche die Gemeinde in ihrem Existenzrecht und täglichen Leben unterstützen. Die Neubebauung von lebensgefährlichen Lagen sollte durch die Gemeinde kontrolliert und ihr entgegengewirkt werden. Ungenutzte oder evakuierte hangrutschgefährdete Flächen sollten in Wert gesetzt werden, um Bebauung zu erschweren.

Grundlage aller Strategien war eine vorliegende Kartierung der individuellen Abrutschgefährdung einzelner Hänge. Hänge, die als stabilisierbar gelten sollten durch ingenieurbiologische Maßnahmen gesichert werden. Zukünftige informelle Bauvorhaben sollten in abrutschsichere Hänge dirigiert werden. Bewohner in nichtstabilisierbaren Hängen sollten durch Frühwarnsysteme in Verbindung mit dem Ausbau eines Evakuierungssystems geschützt werden. Langfristig müssten die Siedler in den nichtstabilisierbaren Hängen jedoch ortsnah umgesiedelt werden.

Es war Grundvoraussetzung, dass alle vorgeschlagenen Maßnahmen kostengünstig und im Selbstbau machbar sind sowie – wenn möglich – Gemeinde zusätzliche Einkommensoptionen erschließen. Alles muss zudem leicht replizierbar sein. Um die Machbarkeit, Vorgehensweise und Effizienz der Strategien zu prüfen, schlug unser Team vor, fünf kleine Pilotprojekte zusammen mit der Gemeinde in Teilbereichen der Siedlung zu entwickeln. Diese Projekte sollten durch eine kontinuierliche Beobachtung und Evaluierung der Effekte validiert und adjustiert werden, um einem üblichen Top-down-Vorgehen entgegenzuwirken.

Das erste Projekt sollte ein Frühwarn- und Evakuierungssystem testen. In einem nichtstabilisierbaren Hang wird ein Raster von Bodensensoren installiert, die bei Erdverschiebungen Signale aussenden. Das Evakuierungssystem beinhaltet eine bessere fußwegige Erschließung und Beleuchtung des Viertels, gepaart mit einer Nachbesserung von öffentlichen Räumen, die als Sammelplätze

Wenn die Siedlungen kontinuierlich weiterwachsen, verdoppelt sich die Einwohnerzahl bis ins Jahr 2030, 2014

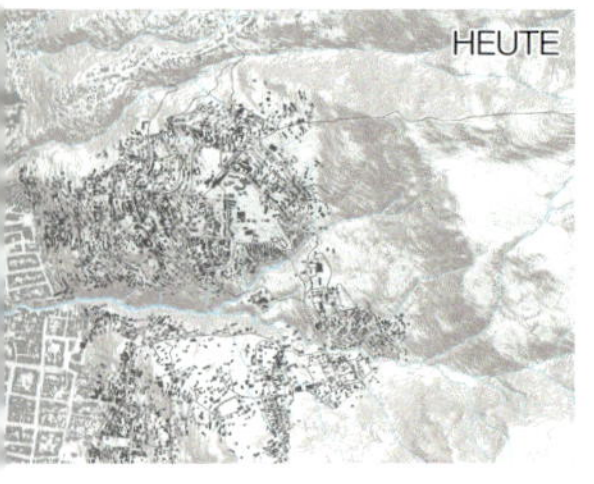

dienen könnten, sowie von Erziehungseinrichtungen, welche im Alarmfall als Notunterkunft dienen würden. Da die Bodensensoren nicht viel Zeit zur Evakuierung lassen, muss zusammen mit der Defensa Civil ein geeignetes Evakuierungsprozedere entwickelt werden.

Als zweites Projekt sollten zusammen mit der Gemeinde Gefahrenstellen im Regenwasserablauf festgestellt werden, um diese Schwachstellen dann durch Drainagemaßnahmen und ingenieurbiologische Maßnahmen im Selbstbau zu beseitigen. In Kolumbien gibt es Firmen, die erfolgreich Lebendverbau mit Bambus im ländlichen Bereich anwenden. Deren Techniken könnten auf urbane Situationen adaptiert werden.

Als drittes Projekt sollte auf gefährlichen Steilhängen durch eine Inwertsetzung der derzeit ungenutzten Flächen informeller Besiedlung vorgebeugt werden. Ein landwirtschaftlicher Gebrauch der Flächen durch den Zusammenschluss interessierter Bürger gibt es schon an anderen Stellen in Medellín. Eine besondere Vermarktung der »Medellíner Bergprodukte« könnte zu einer möglichen Einnahmequelle werden.

Als Viertes sollten die noch unbesiedelten Hänge im Oberbereich durch eine bodenstabilisierende Wiederaufforstung sicherer gemacht werden. Diese Aufforstung könnte mit öffentlichen Geldern finanziert werden und Arbeitsplätze in der Gemeinde schaffen. Schon heute gibt es zivile Organisationen mit Aktivisten, die an den Hängen regelmäßig Bäume pflanzen (Mas Bosques). Die neuen Wälder würden der Naherholung der Bürger Medellíns dienen.

Als fünftes Projekt sollten ungefährliche Lagen mit inkrementellem Wohnungsbau bebaut werden. Das heißt, es wird einkommensschwachen Bürgern ermöglicht, ein unfertiges Haus mit eigenen Mitteln Schritt für Schritt fertigzubauen. Grundlegende Infrastruktur wie Wasser, Strom und Erschließung wird bereitgestellt. Umgesiedelten Bürgern oder Neuankömmlingen soll somit die Chance gegeben werden, sicher und günstig zu bauen. Mit Projekten dieser Art hat man schon seit den 1970er-Jahren unter dem Titel »Sites und Services« gute Erfahrungen gemacht. Die größte Herausforderung dabei ist bezahlbares Land und eine dem Hang angepasste städtebauliche Form zu finden.

Erst bei der Durchführung dieser Vorschläge im kleinen Maßstab wird sich zeigen, worin die Tücken, Stärken und Schwächen der Vorschläge liegen. Optimales Ziel wäre eine Methode für ganz Medellín zu finden, die vielleicht auch noch in anderen Städten mit ähnlichen Problemen Anklang findet. Laut Datenbank von Petley gab es zwischen 2004 und 2010 weltweit 2662 nichtseismische Erdrutsche mit insgesamt 32 322 Todesopfern. Unter den Vorzeichen des Klimawandels mit häufigeren und stärkeren Regenereignissen wird erwartet, dass weltweit Erdrutsche vermehrt auftreten werden.

▲ In unserem ersten Pilotprojekt schlagen wir ein Erdrutschwarnsystem zusammen mit dem Neubau eines
▼ Evakuierungs- und Schutzunterkunftssystems vor, 2016

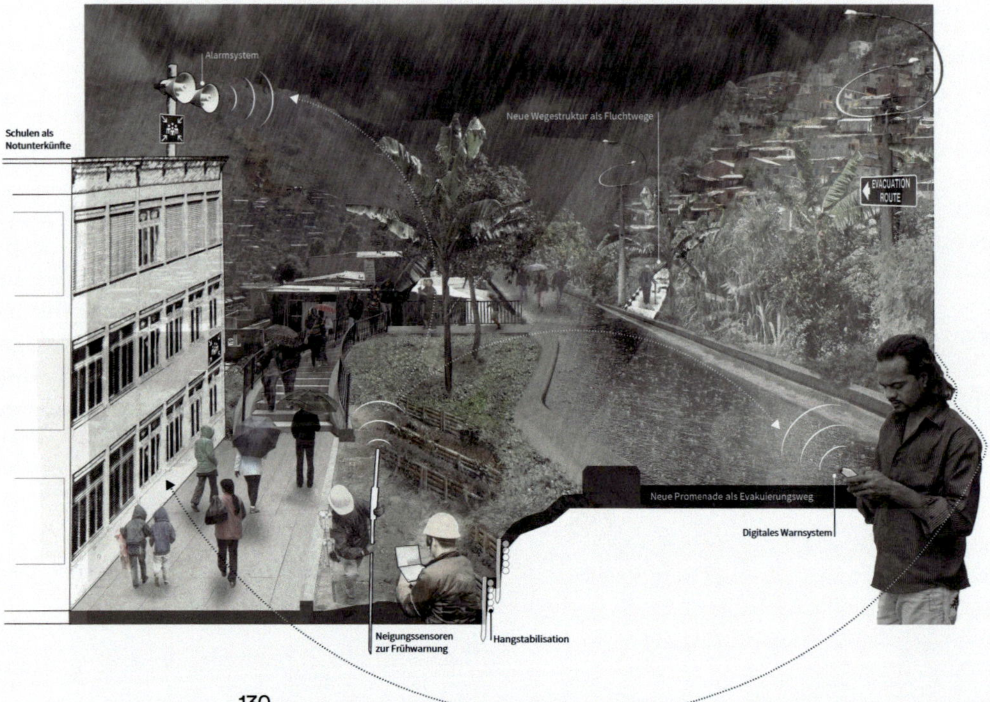

▲ Auf den entsiedelten Flächen könnte kooperative Landwirtschaft betrieben werden, um diese vor erneuter ungeregelter Besiedlung zu schützen, 2016 ▼

▲ Im Siedlungsbereich sollten durch ingenieurbiologische Maßnahmen Hänge gesichert und Freiräume definiert werden, 2016

▲ Die noch nicht besiedelten steilen Oberhänge sollten durch vegetationstechnische Maßnahmen, die von den Bürgern selbst ausgeführt werden können, gesichert werden, 2016

▲ Auf besiedelbaren Flächen sollte durch die Bereitstellung von Grundversorgung der inkrementelle Bau von Häusern gefördert werden, 2016

Zusammen mit der andauernden Urbanisierungswelle in den vorwiegend armen Ländern unseres Planeten werden mehr Menschen diesem Risiko ausgesetzt und demzufolge mehr Todesfälle auftreten. Darum müssen dringend integrative Gegenmaßnahmen gefunden werden, die von den Bürgern direkt vor Ort genutzt werden können.

Die Stadtregierung Medellíns verhielt sich bisher noch etwas zögerlich gegenüber unseren Ideen. Unsere Pilotprojekte befinden sich nun schon seit Anfang 2015 in der Vorschlagsphase. Der inzwischen abgewählte Bürgermeister war von einem anderen, spektakuläreren Projekt mehr angetan: einer Magnetschwebebahn, die in den Steilhängen verläuft und die Gemeinden transversal vernetzt. Das infrastrukturelle Megaprojekt wurde unter dem Deckmantel eines Grüngürtels propagiert. Unsere andere, sanfte Art des Grüngürtels mit seinen inkrementellen ingenieurbiologischen Maßnahmen, der Berglandwirtschaft, den Aufforstungen und den halbfertigen Häusern, gebaut von den Menschen vor Ort, wurde von der ehemaligen Führung der Stadt als wenig werbewirksam für eine moderne, aufstrebende Stadt empfunden.

Die Bewohner der Hänge stehen dem Megaprojekt naturgemäß feindlich gegenüber. Sie fürchten – nicht ganz zu Unrecht –, dass, nachdem alles Geld für die Bahn ausgegeben wurde, nichts mehr für sie übrigbleibt. Sie sehen auch nicht den Sinn eines Transportfahrzeugs, das sie mit anderen Armensiedlungen links und rechts verknüpft, während ihre Hauptbedarfswege nicht parallel, sondern senkrecht zum Hang verlaufen – nämlich in den Talboden, zum Stadtzentrum, wo die Mehrzahl von ihnen täglich zur Arbeit pendelt. Zusätzlich fürchten sie – wahrscheinlich zu Recht –, dass ein derartig kompliziertes Bauvorhaben unweigerlich Zwangsumsiedlungen von Häusern, die dem Projekt im Weg sind, nach sich ziehen wird. Unter den Bergbewohnern

Medellíns ist das Grüngürtelprojekt somit gefürchtet, ja verhasst. Inzwischen gibt es – seit 2016 – einen neuen Bürgermeister und sie hoffen, dass die neue Stadtregierung die Zukunft der Hänge etwas anders sieht.

Unsere Vorschläge fanden hingegen viel Gehör und Zustimmung bei den Bürgern von La Cruz und La Honda. Versprechen sie ihnen doch ein mögliches Verbleiben in den Hängen und eine Verbesserung des Istzustands. Da von städtischer Seite keine Hilfestellung erfolgt, haben ungeduldige Bürger inzwischen ihr Schicksal selbst in die Hand genommen. Während unseres letzten Besuchs im Jahr 2015 erzählte uns zu unserer Verwunderung und freudigem Erstaunen eine junge Aktivistin, dass wir uns nicht zu sehr sorgen sollten, denn sie seien sowieso gerade dabei, unsere Pilotprojekte in die Wirklichkeit umzusetzen.

Projektangaben

**Projekttitel**
Medellín, Kolumbien – Shifting Ground

**Projektteam**
Institut für Landschaftsarchitektur, Leibniz Universität Hannover: Christian Werthmann, Joseph Claghorn, Nicholas Bonard, Florian Depenbrock, Mariam Farhat;

Centro de Estudios Urbanos y Ambientales (urbam)/La Universidad EAFIT (Escuela de Administración, Finanzas e Instituto Tecnológico): Alejandro Echeverri (Direktor), Francesco María Orsini, Juan Sebastian Bustamante Fernández, Ana Elvira Vélez Villa, Isabel Basombrío, Diana Marcela Rincón Buitrago, Juan Pablo Ospina, Anna Manea, Daniela Duque, Ángela Duque, Simón Abad, Lina Rojas, Maya Ward-Karet, Santiago Orbea Cevallos;

Harvard Graduate School of Design: Aisling O'Carroll, Conor O'Shea

**Auftraggeber**
Stadtplanungsamt der Stadt Medellín

**Kooperationspartner**
Fundacíon CIPAV, bioengineering, Fundación Sumapaz, community organization, Aníbal Gaviria Correa, Jorge Pérez Jaramillo, Juan Manuel Patiño M., Paola Andrea López P., Sergio Mario Jaramillo V., David Emilio Restrepo C., Mario Flores, John Cuartas, María Alejandra Rodríguez N.

**Projektbeteiligte Spezialisten**
Eva Hacker, Ingenieurbiologie, Marco Gamboa, Geologie, Michel Hermelin, Geologe, Iván Rendon, Soziologie, Tatiana Zuluaga, Stadtplanung

**Studierende Masterstudienprojekt »(Re)Making Medellín« 2012/13**
Carmen Aránzazu Ceron Herrera, Florian Depenbrock, Mariam Farhat, Timo Fritz, Roman Früh, Lena Hörtemöller, David Kreis, Jonas Schäfer, Marc Steindorff Martí, Silvia Terron Panadero, Robert Sebastian Thiel, Jessica Uhrig, Hong Yu, Warda Ahmed, Julie Even, Laura Haase, Corinna Holtwerth, Andreas Seiffert, Niels Thelen, Marten Urban

**Ausstellungsaufarbeitung**
Christian Werthmann, Evelyn König, Lisa Seiler, Joseph Claghorn, Marcus Hanke, Nina Dvorak

**Hilfswissenschaftler**
Sebastian Ballan, Leonie Wiemer, Johanna Jöcker, Julian Heikel, Ben Jamin Grau

**Laufzeit**
2011 – heute

# Alejandro Echeverri

# Die kolumbianisch-deutsche Zusammenarbeit von Urbam und ILA

Der Hauptfokus unserer Arbeit am Urbam, dem Center for Urban and Environmental Studies an der EAFIT University in Medellín, liegt auf der Transformation und Innovation informeller Urbanisation. Unsere Basis, die Stadt Medellín, besitzt ein wesentliches Problem, das mit der informellen Ansiedlung an den Berghängen in den nördlichen Teilen der Stadt zu tun hat. Die Kombination von geologisch instabilen Böden, heftigen Regenfällen und unkontrolliertem Wohnungsbau schafft lebensbedrohliche Bedingungen für eine große Anzahl unserer Bürger mit geringem Einkommen. Dafür gilt es Lösungen zu finden – nicht nur für Medellín und das Aburrá-Tal –, denn urbane Hangrutschungen finden auch in vielen anderen Andenstädten in Kolumbien und in ganz Lateinamerika statt. Weltweit gab es alleine zwischen 2004 und 2010 2662 Erdrutsche mit 32 322 Opfern, und diese Zahl wird durch das Fortschreiten der Klimaerwärmung vermutlich noch steigen. Medellín scheint ein perfektes Labor für mögliche Lösungen darzustellen, einerseits aufgrund der Komplexität und Intensität seiner Probleme, andererseits aber auch wegen der bereits unter Beweis gestellten Kapazität seiner Institutionen und Gemeinden bei der Bewältigung komplexer Situationen. Obwohl die Stadtregierung Strategien des sozialen Urbanismus anwendet, die ursprünglich in anderen informellen Gebieten der Stadt entwickelt und getestet wurden, konnte das fundamentale Problem des unkontrollierten Bauens in gefährdeten Bereichen nicht unter Kontrolle gebracht werden. Immer noch errichten Familien in großem Umfang Häuser auf den unsicheren Hügeln.

2011 beschlossen wir am Urbam, in einem zweistufigen, auf drei Jahre angelegten Programm mit Professor Werthmanns Team aus Landschaftsarchitekten zusammenzuarbeiten – zunächst an der Harvard Graduate School of Design, dann am Institut für Landschaftsarchitektur an der Universität Hannover (ILA). Unser

Ziel war es, Möglichkeiten zu finden, um mittels gemeinschaftsbasierter Strategien eine Schadensminderung zu erreichen und vorausschauende Prozesse zu entwickeln. Der Schwerpunkt lag dabei auf jenen Gegenden in Medellín, die von Hangrutschungen bedroht sind. Die erste Stufe bestand aus einer regionalen Studie und bezog das gesamte Aburrá-Tal, die Geschichte und die Zukunft des informellen Wachstums sowie Positionen, Geschichte und Ursprung von Erdrutschungen mit ein. Wir schlossen diese Studie, die den Titel »Rehabitar la Ladera, Shifting Ground« trägt, im Jahr 2012 ab.

Zudem fuhren wir mit einem konkreteren Forschungsprojekt fort, das wir »Rehabitar la Montaña« nannten und das Ende 2013 abgeschlossen wurde. Dabei untersuchten wir zwei Fälle im Detail: die Umgebung von la Cruz und Honda, mit 16 000 Bewohnern und 4000 Wohneinheiten. Die Beobachtung des Besiedlungsprozesses, die enge Zusammenarbeit mit den Gemeinden und die Anwendung innovativer grüner Infrastrukturlösungen führte zu fünf Pilotprojekten. Diese befinden sich augenblicklich im Prozess der Evaluierung und Übernahme durch die Stadtregierung von Medellín, auf Grundlage einer neuen gemeinschaftlichen Zusammenarbeit mit lokalen Gemeinden.

Aufgrund unseres Wissens um lokale Gegebenheiten und die Erfahrung hinsichtlich der Arbeit mit den Gemeinden konnten wir – in Kombination mit dem Wissen, den Methoden und der Landschaftsexpertise des Teams aus Hannover – innovative Ansätze für diese extremen Probleme konzipieren, die Urbam in dieser Form alleine nicht hätte entwickeln können. Nach fünf Jahren kontinuierlicher Zusammenarbeit würden wohl beide Teams zustimmen, dass der Erwerb dieser wahrhaft freudvollen und schlussendlich effektiven Zusammenarbeit über die Strapazen langer Reisewege, über unterschiedliche Zeitzonen, verschiedene Kulturen, Sprachbarrieren und disziplinäre Ansichten hinweg mit dem Aufbau von Vertrauen und schließlich auch Freundschaft einhergeht. Auf der Basis von Vertrauen, gegenseitigem Respekt und Freundschaft hoffen wir, dass wir unsere Ansätze auch vor Ort anwenden können und daraus gemeinsam nicht nur nützliches Wissen für die Entwicklung von Medellín ziehen können, sondern dieses auch auf andere Städte übertragen können, die sich mit ähnlichen Problemen konfrontiert sehen.

Christian Werthmann

# São Paulo

## 10 São Paulo, Brasilien
## Tamanduateí – der verlorene Fluss

São Paulo ist eine unendlich faszinierende Stadt. Man kann hier die Folgen einer extrem schnellen Verstädterungswelle im Detail studieren, die andere Ansiedlungen der Welt erst noch erreichen wird. Was wir dabei sehen können, ist nicht immer ermutigend. Die 20-Millionen-Metropole ist stark von sozialen Ungleichheiten und Umweltproblemen gekennzeichnet. Die Lösung struktureller Probleme wie die weitverbreitete Armut oder großflächige Überschwemmungen – im Wechsel mit Wasserknappheit – muss dringend angegangen werden. Dabei lässt São Paulos schnelle Wandlungsfähigkeit auf mögliche Änderung hoffen. Denn nach 150 Jahren rasanter Urbanisierung hat sich das städtische Wachstum verlangsamt, und die Planungsbehörden nehmen gerade die historische Chance wahr, ihre Stadt nachhaltig zu überformen.

◀ Der Tamanduateí ist seit 1957 komplett kanalisiert und teilweise verrohrt, 2015

In diesem Umbruchklima wurde unser Team von der zentralen Planungsbehörde Secretaria Municipal de Desenvolvimento Urbano (SMDU) unter der Leitung des Architekten Fernando de Mello Franco eingeladen, einen Blick auf einen der zahlreichen Flüsse São Paulos zu werfen. 2015 taten wir dies im Laufe eines Jahres zusammen mit mehreren Lehrenden und insgesamt 35 Masterstudenten der Fakultät Architektur und Landschaft der Leibniz Universität Hannover.

Der gewählte Fluss Tamanduateí ist ein kleines, aber historisch wichtiges Gewässer in zentraler Lage; der Fluss ist vollständig kanalisiert, teilweise überdeckelt und extrem stark verschmutzt. Dies ist nicht ungewöhnlich, da in der Industrialisierungsphase alle Flüsse des Hochbeckens von São Paulo kanalisiert wurden. Dies hatte wiederum entscheidende Effekte auf São Paulos heutiges Selbstverständnis als Stadt. Um das nachvollziehen zu können, muss man sich mit den landschaftlichen Ursprüngen der brasilianischen Metropole auseinandersetzen.

1554 wurde São Paulo von den Jesuiten weitab von den damaligen Kolonialstädten gegründet. Damals war es noch ein kleiner besiedelter Fleck, in einer bewaldeten Landschaft mit kleinen Gehöften, mit einem kleinen Kloster in einem hügeligen Hochbecken, etwa 60 Kilometer von der Küste entfernt und 800 Meter über dem Meeresspiegel gelegen. Das hier herrschende subtropische Klima mit einem Jahresniederschlag von bis zu 1500 Millimetern garantiert bis heute eine üppige Vegetationsdecke. So waren damals die Hügel mit atlantischem Regenwald überzogen und die Täler von Flüssen, Bächen und unzähligen Rinnsalen gekennzeichnet. Einer dieser vielen Flüsse wurde vom Stamm der Tupi »Tamanduateí« genannt – der Fluss des Ameisenbären. Dieser nur 35 Kilometer lange Fluss diente für lange Zeit als Haupttransportweg nach Südosten in Richtung Küste, bis im Jahr 1866 eine spektakuläre Zahnradbahn diese Funktion übernahm. So diente Ende des 19. Jahrhunderts der Tamanduateí hauptsächlich als Erholungs-und Badeort für die etwa 30 000 Bürger der kleinen, aufstrebenden Stadt. In den vergangenen rund hundert Jahren ist diese Kleinstadt jedoch um das Siebenhundertfache angewachsen und so zu einer der größten Metropolen der Welt mit über 20 Millionen Einwohnern auf fast 8000 Quadratkilometern Fläche geworden. Millionen von Landbewohnern wurden von den expandierenden Industrien angelockt und zogen in die Stadt. Aus Mangel an Eigenkapital bauten sie ihre eigenen Wohnsiedlungen (Favelas), zumeist in der Nähe der Fabriken auf schwierigem Terrain. In dieser unvorstellbaren Wachstumsphase wurde der Regenwald abgeholzt – neben den Flüssen das zweite wichtige Landschaftscharakteristikum São Paulos –, die Farmen verschwanden, und Mitte des 20. Jahrhunderts wurden alle Flüsse des Hochbeckens, auch der Tamanduateí, kanalisiert, um Platz für Industrien, Bahnlinien und Hauptverkehrsstraßen in den ehemaligen Flutebenen zu schaffen.

▲ Feigenbaum am Ufer des Tamanduateí, um 1910

▼ Der Tamanduateí ist nur 35 km lang, doch historisch bedeutend: São Paulo wurde 1554 an diesem Fluss gegründet

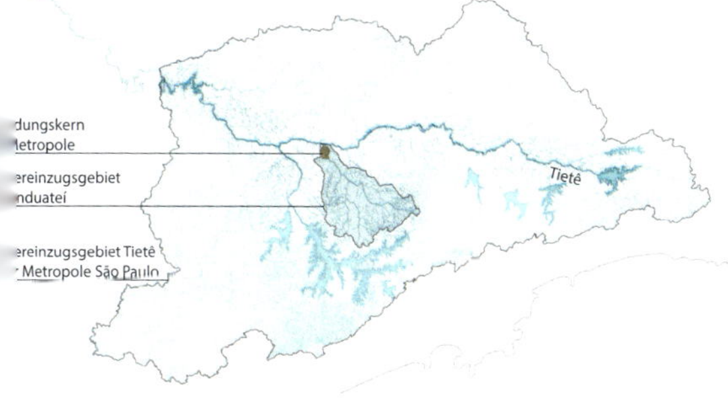


▼ Der Tamanduateí diente der Stadt nach 1850 als Erholungszone, um 1910

Bis zur Jahrtausendwende wuchs die Stadt so rasant schnell, dass die Kanäle angesichts der damit einhergehenden Bodenversiegelung das um ein Vielfaches gestiegene Regenwasser nicht mehr abführen konnten. Bis heute werden tieferliegende Stadtteile regelmäßig überschwemmt.

Insgesamt verlor São Paulo in diesem Urbanisierungsprozess seine beiden maßgeblichen Landschaftscharakteristiken: die Flüsse und die Wälder. Ikonografische Bilder der Stadt zeigen typischerweise ein Meer von Hochhäusern. Während die Ikonografie, der Stolz und das Selbstverständnis so manch anderer Metropole von ihrer reizvollen Wechselwirkung zwischen Landschaft und Stadt geprägt ist, wie zum Beispiel Rio de Janeiro mit seiner spektakulären Bergküste, San Francisco mit seiner Bucht oder New York mit seiner Lage auf einer Halbinsel, so hat São Paulo davon nichts – nur Häuser bis zum Horizont. In einem gewissen Sinn ist São Paulo somit die Stadt der Städte. Oder wie es Fernando de Mello Franco überspitzt ausdrückt: »Rio hat den Strand, wir haben nichts.«

Dabei sind die Flüsse im täglichen Leben sehr präsent. Die Bürger São Paulos orientieren sich nach den Flüssen, an denen alle Hauptverkehrsadern entlanglaufen. Gerahmt von mehrspurigen Schnellstraßen, unzugänglich und verschmutzt, können die Flüsse und ihre Ufer nicht als dringend benötigte Erholungsflächen dienen – geschweige denn, dass ihr Anblick bei den dort lebenden Menschen so etwas wie Stolz auslösen würde. Heute, nachdem São Paulo kaum noch wächst, findet ein Umdenken statt. Man würde die Flüsse gerne wieder zurückgewinnen. In diesem Sinne nahm sich unser Team den Unterlauf des Tamanduateí, in dessen Umgriff die Stadt ein massives Verdichtungsprojekt plant, als Fallbeispiel vor. Die Situation ist komplex und stadthistorisch wertvoll. Die ehemalige Flussaue beherbergt das älteste Industriegebiet Brasiliens und die älteste Favela São Paulos.

Die ehemalige Flussaue ist heute Industrieaue und mit selbst gebauten Siedlungen (Favelas) durchsetzt, 2015

In den letzten 30 Jahren hat das Henry-Ford-Industriegebiet 50 000 Industriearbeitsplätze verloren. Trotzdem bleibt es mit 30 000 Arbeitsplätzen ein wichtiger Arbeitgeber im Herzen der Stadt, 2015

Vila Prudente im Industriegebiet ist die älteste Favela São Paulos, 2015

Die Favelas im Industriegebiet zeichnen sich durch eine extrem hohe Wohndichte aus, 2015

Das Industriegebiet Henry Ford wurde in den 1920er-Jahren gegründet. Damals lag es noch am Rande der Stadt, entlang des Tamanduateí, der gerade frisch begradigt worden war. Hundert Jahre später stellt sich das ca. 300 Hektar große Gebiet als eine heiß begehrte Fläche inmitten der Stadt dar, bestens erschlossen und umgeben von dichten Wohngebieten. Die Stadt will das Industriegebiet mit seinen 30 000 Arbeitsplätzen erhalten, jedoch die umliegenden Wohngebiete in ihrer Einwohnerschaft verdoppeln, um wieder mehr Menschen vor allem niederer Einkommensschichten das Wohnen und Arbeiten in der Stadt zu ermöglichen. Bereits direkt im Industriegebiet gelegen sind mehrere kleinere Favelas, die brach gefallene Industrieflächen übersiedelt haben, sowie die älteste Favela São Paulos, Vila Prudente, mit etwa 1600 Wohneinheiten. Angelockt von dem Industriegebiet bauten die Neuankömmlinge ihre Siedlung in einem Sumpfgebiet direkt neben dem Tamanduateí. Heute leben die Bürger des Wohnviertels in dicht gepackten Stadträumen, die sich durch einen akuten Mangel an öffentlich nutzbarem Freiraum auszeichnen.

Dringend gefragt sind nun zusätzliche Erholungsflächen für die hier lebenden und neu hinzukommenden Bürger. Der Tamanduateí kann in der Hinsicht leider gar nichts bieten. Im Gegenteil, er fließt weiterhin zutiefst verschmutzt, übelriechend und unzugänglich in seinem Betonbett als flüssiger Mittelstreifen einer mehrspurigen Schnellstraße dahin. Ab und zu verlässt er bei Starkregenfällen sein Bett, um Teile des Industrieviertels und anliegende Favelas zu überschwemmen. Der städtische Masterplan mit seinen geplanten massiven Umwälzungen klammert den Tamanduateí geflissentlich aus – zu ausweglos erscheint die Lage zwischen Schnellstraßen, Bahntrassen und industriellen Grundstücken, deren Wert inzwischen erheblich gestiegen ist und der Stadt kaum noch Zugriffsmöglichkeiten (zum Beispiel mittels Enteignung) erlaubt.

Angesichts dieser Sachlage konfrontierten wir unsere Studierenden mit der unmöglichen Frage: Kann ein toter Fluss, dessen Tal bald über eine Viertelmillion Menschen beherbergen wird, wieder zu einer landschaftlichen Heimat werden?

Die Studenten reagierten auf diese Provokation mit einer Bandbreite von zeitlich gestuften Ansätzen, die von kleinen, schnell machbaren Veränderungen im bestehenden Flussbett bis zu komplexen hydraulischen und verkehrstechnischen Umstrukturierungen reichten. Unterstützt von einem Wasseringenieur zeigten die Vorschläge ein großes Spektrum: Von Straßenverlegungen und -reduzierungen hin zu Flussverlegungen, lang gestreckten Flutparks, neuen Promenaden und Fußgängerbrücken sowie wassersammelnden Straßenzügen und wasserspeichernden Wohnvierteln. Dabei wurde eindeutig klar, dass dem Fluss letztendlich mehr Raum gegeben werden muss, um Überschwemmungen zu lindern sowie die Wasser- und Aufenthaltsqualität zu erhöhen. Es zeigte sich auch, dass die Stadt Reinigungs- und Rückhaltesequenzen von Regenwasser in den Stadtvierteln entwickeln müsste, um mehr Wasser in der Stadt zu absorbieren und zugleich weniger und saubereres Wasser an die Flüsse abzugeben. Die besten der studentischen Ansätze vermochten symbiotische Verknüpfungen zwischen den Favelas, dem Industriegebiet und dem Fluss herzustellen. Insgesamt konnte gezeigt werden, dass es grundsätzlich möglich wäre, den Fluss als Erholungs- und Identitätsraum wiederzugewinnen und mit Wasser nachhaltiger umzugehen.

Es wurde eine Vereinbarung mit den Stadtbehörden getroffen, dass unsere Vorschläge – trotz aller Realitätsnähe – bis zu einem gewissen Grad nicht zu sehr von Machbarkeitsbeschränkungen belastet sein sollten. Dies ist ja gemeinhin auch der Grund, ein Team aus dem Ausland einzuladen, um jemanden zu haben, der mit »frischen« Augen auf ein Problem schauen kann und dann vielleicht auf Lösungen kommt, die einem Einheimischen entgangen wären. In unserem Fall achteten wir als Lehrende stark auf eine technische Machbarkeit – vor allem im Hinblick auf die Hydrologie –, während finanzielle Gesichtspunkte schon allein aus Kompetenz- und Komplexitätsgründen nicht im Vordergrund standen.

▸

Der Tamaduateí hat ein Wassereinzugsgebiet von 320 km², das sich 6 Stadtgemeinden teilen

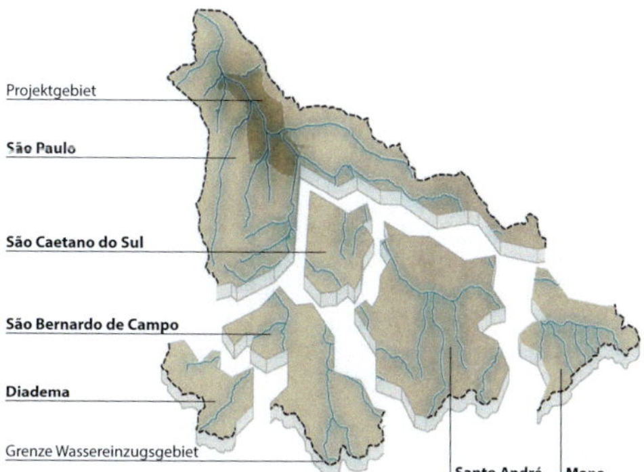

Die Vorschläge der Studierenden wurden dann in einem zweiten Schritt von den Planungsbehörden in São Paulo auf Sinnhaftigkeit und Umsetzbarkeit geprüft. Dabei wurden viele der Vorschläge als zwar erstrebenswert, jedoch politisch schwer durchsetzbar gekennzeichnet. Zum Beispiel kristallisierte sich in den Diskussionen der studentischen Vorschläge mit São Paulos Planungsbehörde heraus, dass die kritische Verlegung oder Verengung der Schnellstraße entlang des Flusses als politisch nicht durchsetzbar gilt. Auch für die anderen Maßnahmen der Landgewinnung und Umverlegung von Straße oder Fluss müsste São Paulo aggressive Bauregelungen, Landumverteilungs- und Verkehrsmanagementmodelle entwickeln – Maßnahmen, die im derzeitigen politischen und wirtschaftlichen Klima als schwer durchsetzbar gelten; hierzu ist anzumerken, dass Brasilien zum Zeitpunkt der Studie, im Jahr 2016, eine schwere Wirtschafts- und Regierungskrise durchlief.

Die Behörden listeten nur zwei gesetzliche Instrumente, die geeignet schienen, Raum für den Fluss zu schaffen: Das Erste war ein landesweit geltendes Gesetz, das einen Mindestabstand von 50 Metern von baulichen Anlagen zu einem Fluss fordert. Es könnte langfristig Raum für den Tamanduateí schaffen, wenn im Mindestabstand situierte baufällige Gebäude abgerissen werden müssten. Es ist jedoch nicht abzusehen, ob die Umsetzung des Gesetzes wirklich forciert werden würde. In der Konsequenz bedeutet dies, dass es potenziell sehr lange dauert, bis man eine zusammenhängende Sequenz von Grundstücken erhält.

Bei der zweiten Möglichkeit handelt es sich um ein Finanzierungsinstrument, bei dem über den Verkauf von vertikalem Baurecht Kapital eingeworben wird. Mit diesem wiederum ließe sich Land zum Bau von Parks entlang des Tamanduateí erwerben. Ob das Geld jedoch für den Fluss oder doch eher für andere öffentliche Projekte wie den dringenden Bau von Schulen oder die Verbesserung der öffentlichen Verkehrsinfrastruktur verwendet werden würde, ist nicht abzusehen.

Wie so oft, wurde klar, dass die Rückgewinnung des Tamanduateí als identitätsstiftendes Landschaftselement für São Paulo keine Frage der technischen oder finanziellen Machbarkeit ist, sondern eine Frage politischer Zielsetzungen – also der Prioritätensetzung der gewählten Volksvertreter.

Der derzeitige Zustand des Tamanduateí macht es diesen politischen Repräsentanten leicht, tatenlos zu bleiben. Wieso sollte man auch Kräfte und Finanzen in Bewegung setzen, um sich den Zugang zu einem Fluss zu erkämpfen, der stinkt, ja gesundheitsgefährdend ist? Sollte man nicht lieber warten, bis der Tamanduateí gereinigt ist, bevor man Geld für Uferpromenaden und Flussparks ausgibt?

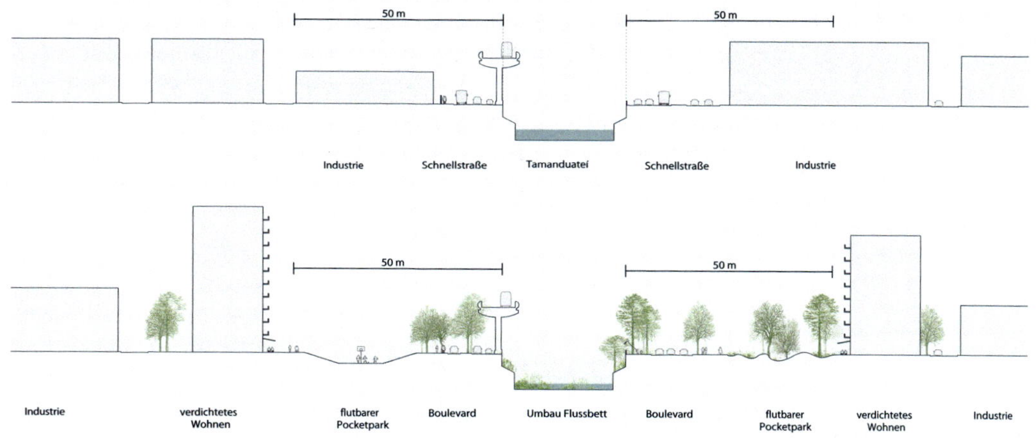


▲ Ein brasilianisches Gesetz sieht vor, dass 50 Meter vom Gewässerrand keine Gebäude stehen dürfen. Über die nächsten 30 Jahre könnten durch die inkrementelle Durchsetzung des Gesetzes die Ufer des Tamanduateí umgebaut werden, 2016

▼ Der Lauf des Flusses Tamanduateí wurde im Zuge der Kanalisierung begradigt

▼ Eine potenzielle Transformationsstrategie: Schritt für Schritt wird das 50-Meter-Abstandsgesetz durchgesetzt. Aus einem anfänglich vereinzelten Strang von Pocket Parks könnte ein durchgehender Flusspark werden

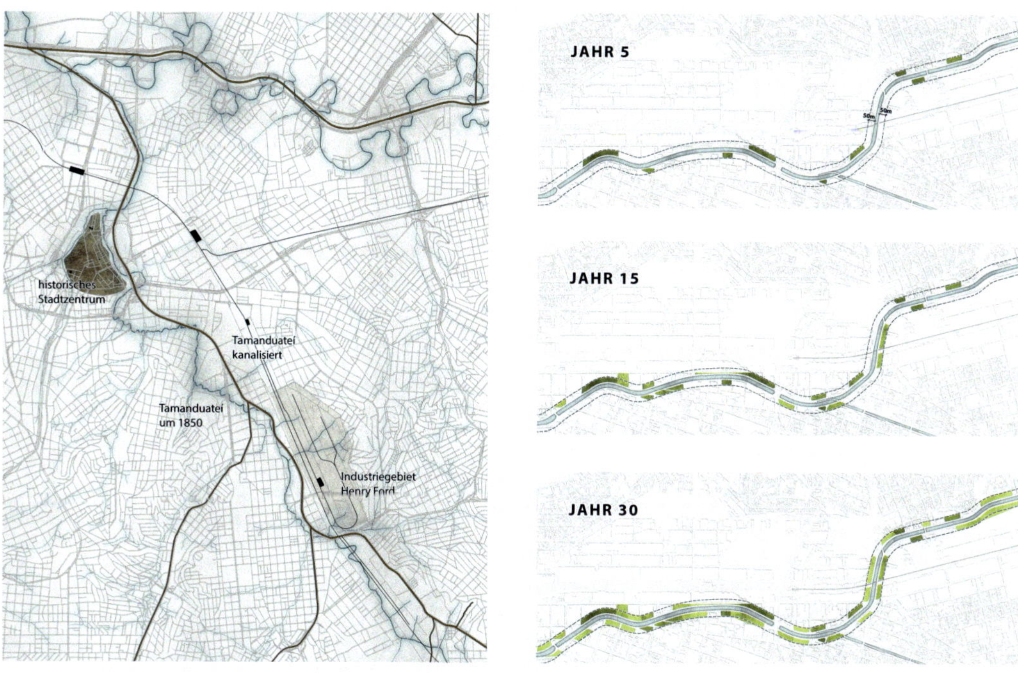

In unserer Beschäftigung mit dem Tamanduateí kamen wir zu der Überzeugung, dass man nicht auf sauberes Wasser warten sollte, sondern bereits jetzt den Zugang zu dem schmutzigen Fluss ermöglichen sollte. Denn: Wann eine Verbesserung der Wasserqualität des Tamanduateí eintritt, ist nicht absehbar. Obwohl sich die verschiedenen Kommunen, die im Wassereinzugsgebiet liegen, schon vor langer Zeit auf eine gemeinsame Säuberung des Flusses verständigt haben, ist bislang keine spürbare Verbesserung der Wasserqualität zu erkennen. Doch die Bürger des Tamanduateí-Tales brauchen jetzt schon Erholungsräume.

Wenn man die Gestaltung dieser neuen Erholungsräume vom Fluss weiterhin abkoppelt, wie im Masterplan vorgesehen, so würde die derzeitige »Aus den Augen, aus dem Sinn«-Haltung den Status quo des Tamanduateí weiter zementieren. Hingegen könnte ein baldiger Zugang zum Wasser den Reinigungsprozess eventuell sogar beschleunigen, dann nämlich, wenn die Bürger des Tales – angeregt von dem schlechten Zustand des Flusses, der sich für sie nunmehr viel unmittelbarer erleben ließe – politisch Druck machen würden.

Denn hier geht es um mehr als nur den Tamanduateí. São Paulos Flüsse, so kaputt sie im Moment auch sind, bieten in einem Klima der Wachstumsverlangsamung und dem geplanten Ausbau der öffentlichen Verkehrsmittel eine historische Chance, in dem Hochhäusermeer der Metropole ein landschaftshistorisches Charakteristikum wieder freizulegen, das den Menschen einen urbanen Rückhalt geben könnte. Den Stadtbehörden und Stadtplanern São Paulos ist das sehr wohl bewusst und sie ringen ernsthaft darum, wie sie die Zustands- und Aufenthaltsqualität ihrer Flüsse verbessern könnten. Sie sind bereit, sich auf einen langen Kampf einzulassen.

## Projektangaben

**Projekttitel**
São Paulo, Brasilien – The Lost River of Tamanduateí

**Projektteam**
Institut für Landschaftsarchitektur, Leibniz Universität Hannover: Christian Werthmann, Heike Schäfer, Marcus Hanke, Hinnerk Voermanek; Institut für Entwerfen und Städtebau, Leibniz Universität Hannover: Andreas Quednau, Frank Eittorf, Henning Dehn

**Projekttyp**
Akademisches Studienprojekt der Leibniz Universität Hannover

**Kooperationspartner**
Secretaria Municipal de Desenvolvimento Urbano (SMDU), São Paulo: Fernando de Mello Franco, Giselle Mendonça, Kátia Canova, Gabriel Hollaender Vilela, Carolina Heldt, Alessandra Iturrieta, Tomás Wissenbach

**Projektberatend**
School of Architecture and Urbanism (FAUUSP), University of São Paulo: Alexandre Delijaicov, Paulo Pellegrino, Nabil Bonduki, Mariana Terra; São Paulo Urbanismo: Gustavo Partezani, Carla Poma, Rita Gonçalves, Marilena Fajersztajn, Melina Possagnolo, Thiago Carneiro, Robernize Chakour, Luciana Loureiro, Patricia Saran; André Delfino da Silva (lokale Akteure); Francisco Parisi (Leiter des Gewerbevereins)

**Studierende:**

**Masterstudienprojekt »The Lost River of Tamanduateí«**
Corinna Wassermann, Dantong Su, Elke Börner, Franziska Mzyk, Han Mei, Jeremy Brightman, Johanna Jöcker, Julia Schairer, Katharina Müller, Katja Richter, Leonie Wiemer, Marius Janning, Matthäus Würtz, Rodrigo Caracciolo Martins, Siyu Lin, Stefanie Rötemeier, Stephan Rost, Ting Bian, Wei Zheng, Xing Xu

**Masterstudienprojekt »Metropolitan Symbiosis«**
Ben Che, Xiaoli Chen, Sofia Hanina, Felicitas Höringklee, Hao Hu, Johanna Joecker, Clemens Langsiepen, Franziska Lesser, Johanna Leyh, Han Mai, Hung Trung Mai, Florian Reischer, Finn Dominik Schneck, René Stahl, Yujun Wang, Leonie Wiemer, Mengyao Xing, Hengyu Yang, Wie Zheng, Haixi Zhu

**Masterplan Team des Secretaria Municipal de Desenvolvimento Urbano (SMDU), São Paulo:**

**Projektteam**
Fernando de Mello Franco: SP-Urbanismo Presidente, Gustavo Partezani: SP-Urbanismo Design Executive Officer, Carla Poma: Design Manager, Marcelo Ignatios: Structuring Manager, Rita Cassia G S Goncalves: Design Leader

**Urban Design**
Andrea de Oliveira Tourinho, Eduardo Tavares de Carvalho, Fernando Henrique Gasperini, Luciana Loureiro, Marcos Alexandre Leão Moraes, Marilena Fajersztajn, Maria Cristina Fernandes, Melina Giannoni de Araujo Possagnolo, Olga Maria Soares e Gross, Robernize Chakour, Thaisa Folgosi Froes, Waldir Macho La Rubbia

**Ökonomische Untersuchungen**
Andre Fabiano Hoon Kwak, Antonio Jesus Galdiano Junior, Bruno de Lima Borges, Hyun In Ra, Ivan de Andrade Paixão, Thiago Antonio Pastorelli Rodrigues

**Rechtliche Untersuchungen**
Jose Antonio Apparecido Junior

**Sozialer Dialog**
Juliana Cipolletta: Comunicação, Patrícia Saran: Diálogo Social, Thomas Len Yuba: Comunicação

**Vertragsmanagement**
Ricardo A. Grecco Teixeira, Ana Paula Roque de Sousa, Carla Raduan de Oliveira

**Berater**
Consórcio CMVC: Hector Vigliecca e Associados; Astoc GmbH; WALM Engenharia e Contacto Consultores

**Ausstellungsaufarbeitung**
Christian Werthmann, Evelyn König, Lisa Seiler, Joseph Claghorn, Marcus Hanke, Heike Schäfer; Hilfswissenschaftler: Sebastian Ballan, Leonie Wiemer, Johanna Jöcker, Julian Heikel, Ben Jamin Grau, Rodrigo Carraciola-Martins

**Laufzeit**
2014 – heute

# Fernando de Mello Franco, Rita Gonçalves

# Das Tal des Tamanduateí

Zwischen 2012 und 2015 entwickelte die Stadt São Paulo einen Masterplan für die nähere Umgebung entlang des Flusses Tamanduateí. Der Ausgangspunkt für diesen Plan waren zwei bedeutende Aspekte bei der Gestaltung des Terrains: der Fluss selbst – da sich ja ein großer Teil des Gebietes auf seiner Überflutungsebene befindet – sowie die Eisenbahnschienen, die dem Flusslauf folgen. Da die Wahl auf den Fluss als zentrales Element fiel, wurden Überflutung, Entwässerung und der schlechte Zustand seiner Ufer – die von einem Fernstraßensystem umgeben sind – zum Diskussionsthema. Was die Bahnstrecke anging, so tauchten Fragen zum Industrie- und Eisenbahnerbe auf, außerdem zu den fragmentierten Straßen und der unsicheren Zukunft des umliegenden produktiven Raumes.

Der Plan blieb dabei innerhalb seines Kompetenzbereichs und formulierte die Rahmenbedingungen der angestrebten Veränderungen im Hinblick auf eine ökologische Eignung, ein freundschaftliches Verhältnis zwischen der Stadt und ihren Flüssen und eine verbesserte Landnutzung, um so Beschäftigung und erschwinglichen Wohnraum zu fördern. Zudem gibt der Plan Bauvorschriften vor, er definiert Standorte für produktive Tätigkeiten, für neue Straßen und Wege sowie für neue, durch Entwässerungssysteme verbundene Grünflächen. Schlussendlich siebt er aus einer großen Bandbreite an Bedürfnissen jene Eingriffe aus, die dazu beitragen können, die erwünschten Veränderungen in dem Gebiet durchzusetzen.

Unter den aktuellen Gegebenheiten konzipiert, soll der Plan 30 Jahre lang gültig sein. Dieser Zeitraum wird den Erwartungshorizont verändern, in dem wir seine Leitlinien, Ziele und Lösungen festgelegt haben.

Die Studierenden der Leibniz Universität Hannover definierten ihre Projektfelder in den vom Masterplan abgedeckten Gebieten, was ihnen einen Überblick über die allgemeinen Probleme verschaffte. Als ausländische Studierende bauten sie geduldig ihren eigenen Grundstock an Wissen über das Gebiet auf, das sie untersuchen wollten. Sie erarbeiteten sich die Geschichte der Urbanisierung, um die wirtschaftlichen und industriellen Entwicklungsaspekte zu verstehen, die diese Siedlung geformt haben. Ausgehend von diesem Wissen bildeten sich die beiden Fragen heraus, die während der Projektlaufzeit beantwortet werden sollten: Wie die Bedürfnisse von Wohnbau und Industrie in Einklang gebracht werden können, und wie sich das Fernstraßensystem organisieren lässt, um die Lebensqualität der am Flussufer liegenden Stadtteile zu verbessern.

Die Projekte, die heute vielleicht als unwahrscheinlich oder ehrgeizig empfunden werden könnten, entwickelten sich weiter und unterwanderten den ursprünglichen Masterplan, da sie über die Jahrzehnte seiner Laufzeit hinausreichen. Jedenfalls enthüllen die Projekte mögliche Realitäten, die aufgrund der Selbstbeschränkungen der ehemaligen Planer nicht in Erwägung gezogen worden waren.

Die Studenten konzipierten Alternativen für den eingeschlossenen Fluss. In einigen Fällen findet sich die Fernstraße weiter vom Fluss entfernt, während er in anderen Fällen ein neues Bett erhält. In sämtlichen Vorschlägen entdeckt die Stadt ihren verlorenen Fluss wieder, der sich nun, jenseits des vorherigen Kanals, in grünen Terrassen öffnet. In diesen zukünftigen Szenerien erfährt nicht nur der Fluss, sondern auch die Wohnsituation eine Verbesserung, wobei das industrielle Erbe hervorgehoben wird. Die Menschen rücken näher ans Wasser heran, das nun nicht mehr unwirtlich ist.

Wie stellen wir uns die Zukunft des Flusses in São Paulo vor? Wir nehmen an, dass zahlreiche »verlorene« Flüsse in unserer Stadt von dieser äußerst hydrophilen Gestaltung profitieren könnten, die den Projekten der Studenten zugrunde liegt. Trotz der erheblichen Beschränkungen durch die Kürzung öffentlicher Mittel geht die rücksichtslose Praxis der Entsorgung ungeklärter Abwässer in die Gewässer zurück. Es besteht ein allgemeines Einvernehmen darüber, dass Flüsse und Ströme nicht länger zwischen Betonmauern gezwängt werden sollen und dass wir das Umfeld von Flüssen vor unangemessener Inbesitznahme schützen müssen. Eines Tages sollten wir die Fehler der Vergangenheit rückgängig machen und einige der Flüsse, die wir im Laufe der letzten hundert Jahre vergraben haben, renaturieren.

Die Vorstellung, dass unvorhergesehene Umstände uns zu den Lösungen führen könnten, die die Studenten der Leibniz Universität Hannover entwickelten, ist inspirierend. Dies ist ihrer Perspektive von außen geschuldet. Sie eröffnet uns eine Reihe von Möglichkeiten, die wir von vornherein ausgeschlossen hatten, da wir es nicht wagten, über die gegenwärtigen Eventualitäten hinauszudenken.

# OFICINAA

Silvia Benedito,
Alexander Häusler

# Aus dem Dunkel ins strahlende Licht – Feldforschung im Museum

Wie gestaltet man eine Ausstellung zu Landschaftsarbeiten, bei denen die Untersuchungsmodalitäten von der direkten Erfahrung abhängen, die der Feldforschung zu eigen ist? Wie vermittelt man einen Sinn für räumliches Eintauchen, während man gleichzeitig Fachinformationen zur Verfügung stellt? Und wie fängt man schließlich die Praxis des Lebens und Arbeitens da draußen ein? Mit aufmerksamem Blick und Forschungsgeist entwickelt sich das Ausstellungsdesign aus Fragen von Fremdheit und Begreifen in der freien Landschaft. Zum Zweck der Erkundung und Erforschung greift Design auf forensische Reisen in globalem Gelände zurück – botanisch, geologisch, sozial, kulturell und klimatisch. Vom unbekannten Kontext des dort draußen zum örtlich begrenzten Wissen, das durch das Arbeiten vor Ort und mit den Gemeinschaften, dem Publikum – ähnlich dem Landschaftsarchitekten –, allmählich in die untersuchte Landschaft einfließt.

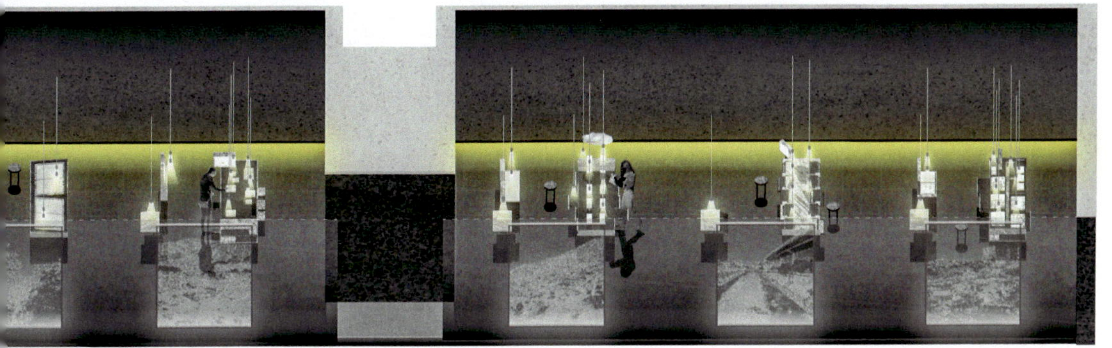

▲ 3D-Plan der Ausstellung

Die Ausstellung, die selbst als Feldforschung behandelt wird, ist gleichzeitig ein Forschungsfeld, in dem Prozesse, Experimente und Beweise den mäandernden Raum bilden. Die Projekte werden mittels projektiver »Aktionsbüros« untersucht, die vergangene informative und taxonomische Unternehmungen heraufbeschwören. Der Raum ist verdunkelt und die Arbeiten erscheinen als Blickpunkte von Begreifen und Aufmerksamkeit im freien Feld. Das Publikum ist eingeladen sich zusammenzufinden und – wie Astronauten im Weltraum – Materialien, Artefakte und Ideen zu erkunden. Neben Grün hält die Landschaft noch weitere Farbtöne und Welten bereit und aus diesen Räumen umfassender Düsternis dringen Augenblicke strahlenden Lichts empor.

Blick in das Modell der Ausstellung ▼

# Kurzbiografien der Autoren

John Beardsley ist Direktor für Garden and Landscape Studies an der Dumbarton Oaks Research Library and Collection in Washington D. C. Der Kunsthistoriker ist Autor zahlreicher Bücher zu zeitgenössischer Kunst und Design, darunter *Earthworks and Beyond: Contemporary Art in the Landscape* (4. Auflage, 2006). Beardsley lehrte in den Fachbereichen für Landschaftsarchitektur an der University of Virginia, der University of Pennsylvania und der Harvard University.

Juliane Brandt ist Geografin, wissenschaftliche Mitarbeiterin (Forschung) und Doktorandin am Fachgebiet Landschaftsarchitektur + Freiraumplanung der Technischen Universität Berlin. Forschungstätigkeit und -koordination im Rahmen der BMBF-Projekte »Urbane Landwirtschaft Casablanca« (UAC-Projekt) und »Rapid Planning«, Forschungsschwerpunkt Transferabilität.

Rita Cassia Gonçalves ist Stadtplanerin im Stadtplanungsamt von São Paulo. Sie leitet das Designteam für die urbane Neuordnung des Tamanduateí-Tales.

Alejandro Echeverri ist ein kolumbianischer Architekt und Leiter des Centro de Estudios Urbanos y Ambientales (urbam) an der EAFIT-Universität in Medellín.

Mohammed El Haddi ist Abteilungsleiter in der Landwirtschaftsbehörde von Grand Casablanca (Direction Régionale de l'Agriculture, DRA).

Gerado Gazmuri ist Architekt und war Direktor der Abteilung Bauwesen, TECHO Haïti 2013–2015.

Undine Giseke ist seit 2003 Professorin an der Technischen Universität Berlin, Fachgebiet Landschaftsarchitektur + Freiraumplanung. 1987 gründete sie zusammen mit drei weiteren Partnern das Büro bgmr Landschaftsarchitekten. Von 2005 bis 2014 leitete sie das inter- und transdisziplinäre Forschungsprojekt Urbane Landwirtschaft als integrierter Faktor einer klimaoptimierten Stadtentwicklung in Casablanca (UAC-Projekt), gefördert durch das BMBF-Forschungsprogramm »Megastädte von morgen«. 2015 erhielt sie für ihre Forschungs- und Praxistätigkeit den Gottfried Semper Architekturpreis für nachhaltiges Planen und Bauen.

Azzedine Hafif ist Abteilungsleiter in der Stadtplanungsbehörde von Grand Casablanca (Agence Urbaine de Casablanca, AUC).

Johann-Christian Hannemann

ist wissenschaftlicher Mitarbeiter am Lehrstuhl Landschaftsarchitektur und öffentlicher Raum, Professor Regine Keller, Technische Universität München. Er besitzt einen Master of Science in Urbanistik und einen Bachelor of Science in Landschaftsarchitektur. Seit 2013/14 koordiniert er die transdisziplinäre Forschungsplattform »Urban Strategies for Onaville (Haiti)«.

Abdelkader Kaioua

ist Abteilungsleiter in der Regionalplanungsbehörde von Grand Casablanca (Inspection Régionale du Ministère de l'Habitat, de l'Urbanisme et de la Politique de la Ville, IRHUPV) (2014).

Christoph Kasper

ist Landschaftsarchitekt, wissenschaftlicher Mitarbeiter (Lehre und Forschung) und Doktorand am Fachgebiet Landschaftsarchitektur + Freiraumplanung der Technischen Universität Berlin. Forschungstätigkeit und -koordination im Rahmen der BMBF-Projekte »Urbane Landwirtschaft Casablanca« (UAC-Projekt) und »Rapid Planning«, Forschungsschwerpunkt zu urban-ruralen Verknüpfungen.

Regine Keller

wurde 1996 wissenschaftliche Mitarbeiterin am Lehrstuhl für Landschaftsarchitektur und Entwerfen an der Technischen Universität München. Davor lehrte sie an der Hochschule für angewandte Wissenschaften München. Seit 2005 ist Regine Keller Professorin für Landschaftsarchitektur und öffentlichen Raum an der Fakultät für Architektur der Technischen Universität München. Seit 1998 führt sie ihr eigenes Designstudio Keller_Damm_Roser Landschaftsarchitekten und Stadtplaner.

Andres Lepik

ist seit 2012 Direktor des Architekturmuseums und Professor für Architekturgeschichte und Kuratorische Praxis an der Technischen Universität München. Von 2007 bis 2010 war er als Kurator für Architektur am Museum of Modern Art, New York, tätig, und 2011 war er Loeb Fellow an der Graduate School of Design der Harvard University.

Dihua Li

ist Landschaftsökologe und Lehrbeauftragter an der Fakultät für Architektur und Landschaftsarchitektur an der Universität Peking.

Fernando de Mello Franco

ist ein brasilianischer Architekt und war von 2013 bis 2016 der Leiter des Stadtplanungsamtes von São Paulo (Secretaria Municipal de Desenvolvimento Urbano).

Rosa Maria Miglio Toledo De Rodriguez

ist Professorin an der Universidad Nacional Agraria La Molina in Lima, Peru.

Abias Philippe Mumuhire

ist Architekt in der Abteilung für Stadtplanung und Städtebau in der Stadtplanungsbehörde von Kigali (CoK).

Jörg Rekittke

ist Professor und stellvertretender Dekan für Landschaftsarchitektur an der School of Architecture and Design, RMIT University, Melbourne. Von 2009 bis 2016 war er Associate Professor im Programm Master of Landscape Architecture an der National University of Singapore. Zuvor arbeitete er an der Universität Wageningen und der Universität RWTH Aachen.

Jürgen Renn

ist Direktor am Max-Planck-Institut für Wissenschaftsgeschichte, Honorarprofessor für Wissenschaftsgeschichte an der Humboldt-Universität zu Berlin und an der Freien Universität Berlin und Adjunct Professor für Philosophie und Physik an der Boston University. Seine Forschung konzentriert sich auf strukturelle Veränderungen in Wissenssystemen und den Naturwissenschaften. Seine Forschungsbereiche sind: Langzeitstudien zur Formierung und Entwicklung mechanischen Wissens, die Geschichte der antiken Wissenschaft, die Geschichte der modernen Physik, die Geschichte der Globalisierung des Wissens, vergleichende Studien zur Wissenschaft in Europa und China, historische Epistemologie und Digital Humanities.

Antje Stokman

ist Professorin für Architektur und Landschaft an der HafenCity Universität, Hamburg. Von 2010 bis 2017 leitete sie das Institut für Landschaftsplanung und Ökologie an der Fakultät für Architektur und Stadtplanung, Universität Stuttgart. Davor war sie Juniorprofessorin an der Leibniz Universität Hannover von 2005 bis 2010. Sie ist praktizierende Landschaftsarchitektin und Mitglied des Studio Urbane Landschaften, Hamburg seit 2010.

Christian Werthmann

ist Professor am Institut für Landschaftsarchitektur an der Leibniz Universität Hannover. Er erforscht die Bedrohungen und Potenziale von Landschaften in einkommensschwachen Gebieten – eine Forschungsrichtung, die er bereits an der Harvard Graduate School of Design eingeschlagen hatte. Sein jüngstes, in Zusammenarbeit mit Jessica Bridger publiziertes Buch Metropolis Nonformal bietet einen Überblick über 25 Expertenmeinungen zu selbst errichteter Urbanisierung.

Sarah Westropp

ist Eigentümerin des Bobocha Resort auf der Insel Siladen, North Sulawesi, Indonesien.

Kathrin Wieck

ist promovierte Landschaftsarchitektin und wissenschaftliche Mitarbeiterin in Lehre und Forschung am Fachgebiet Landschaftsarchitektur + Freiraumplanung der Technischen Universität Berlin. Forschungstätigkeit im Rahmen des BMBF-Projektes »Urbane Landwirtschaft Casablanca« (UAC-Projekt), Koordination der UAC-Publikation, Forschungsschwerpunkte Raumproduktion und urbane Informalität.

Kongjian Yu

ist Gründer und Dekan der Fakultät für Architektur und Landschaftsarchitektur an der Universität Peking und Begründer und Vorsitzender von Turenscape, Peking.

Daniel Zarza

ist Professor für Stadtplanung an der Universidad de Alcalá in Madrid.

# Literatur


Casablanca, Marokko, S. 20

Undine Giseke,
Kathrin Wieck,
Christoph Kasper

- AUC (Agence Urbaine de Casablanca) / IAURIF (Institut d'aménagement et d'urbanisme de la Région Ile-de-France), *Plan de développement stratégique et schéma directeur de l'aménagement urbain de la Wilaya de la Région du grand Casablanca (SDAU), Rapport justificatif,* Kigali 2008.
- Valerie A. Brown u. a., *Tackling Wicked Problems. Through the Transdisciplinary Imagination,* London und New York 2010.
- Undine Giseke u. a. (Hrsg.), *Urban Agriculture for Growing City Regions. Connecting Urban-Rural Spheres in Casablanca,* New York 2015.

Statement, Stimulieren von Transformation in der institutionellen Praxis, S. 33

Azzedine Hafif,
Abdelkader Kaioua,
Mohammed El Haddi

- Abdelaziz Adidi u. a., »F1 Strategies and actions: F1.3 Stimulating change in institutional practices: Administration interfaces«, in: Undine Giseke u. a. (Hrsg.), *Urban Agriculture for Growing City Regions. Connecting Urban-Rural Spheres in Casablanca,* London u. a. 2015, S. 452–455.

Kigali, Ruanda, S. 36

Undine Giseke,
Juliane Brandt,
Christoph Kasper

- City of Kigali (Hrsg.), *Kigali City Masterplan Report,* Kigali 2013.
- Vincent de Paul Kabalisa, *Analyse contextuelle en matière de Gestion Intégrée des Ressources en Eau au Rwanda. Document de travail pour l'ONG Protos,* Rapport définitif, Kigali 2006.
- Philippe Kersting, »Geomorphologische Untersuchungen im Land der tausend Hügel – oder: Wie europäisch ist die rwandische Landschaftsentwicklung?«, in: *Forum ifl* (Leibniz-Institut für Länderkunde), 13, 2010.
- Vincent Manirakiza, *Processus d'urbanisation de la ville de Kigali, Rwanda: relation entre la dynamique spatiale et démographique,* 2011, S. 1–17; https://www.uclouvain.be/cps/ucl/doc/demo (letzter Zugriff: 7.5.2016).

Cañada Real Galiana, Spanien, S. 48

Regine Keller

- Leon Battista Alberti, »De pictura-1435«, zit. nach: *Liber Liber*; http://www.liberliber.it/mediateca/libri/a/alberti/de_pictura/html/libro03.htm (letzter Zugriff: 26.4.2016).
- Charlotte Dietz, »Leben neben der Abrißbirne«, in: *Stern,* 28.8.2014; http://www.stern.de/politik/ausland/groesster-slum-europas-cañada-real-leben-neben-der-abrissbirne-3632530.html (letzter Zugriff: 30.4.2016).
- Enrique Fidel, »Ciudad Lineal de Arturo Soria«, in: *Urban Idade,* 18.10.2008, in: https://urbancidades.wordpress.com/2008/10/18/ciudad-lineal-de-arturo-soria/ (letzter Zugriff: 30.4.2016).

- AbdouMaliq Simone, »People as Infrastructure«, in: *Public Culture*, 2004, S. 407–429.
- Daniel Zarza, »¿Qué hacer en la Cañada?«, in: *Proyecto Cañada, Espacio de reflexión sobre la Cañada Real Galiana*, 30.09.2010; http://www.proyectocañada.es/%c2%bfque-hacer-en-la-canada (letzter Zugriff: 5.12.2016)


**Statement, Triftwege (Cañadas Pecuarias), S. 58**

**Daniel Zarza**


- Eda Schaur, *Ungeplante Siedlungen / Non-Planned Settlements,* Mitteilungen des Instituts für leichte Flächentragwerke, IL 39, hrsg. von Frei Otto, Stuttgart 1992.
- Julius Klein, *The Mesta: A Study in Spanish Economic History,* 1273–1836, Cambridge (MA) 1920 (= Harvard Economic Studies, Bd. 21); Neuausgabe, Port Washington (NY) 1964.
- *La Mesta,* Madrid 1979 (= Colección Alianza Universidad).
- Daniel Zarza, »Flecos/ Fringe«, in: *Fisuras* (Madrid), Mai 1977, S. 38–39.
- Daniel Zarza, »Que hacer en la Cañada?«, in: *Proyecto Cañada* (Madrid 2010); http://www.proyectocañada.es/2010/09 (letzter Zugriff: 28.1.2016).
- Daniel Zarza, »Ley Regional [para la Desafección de la Cañada Real Galiana], y swing de la Presidenta [...]«, in: *Proyecto Cañada* (Madrid 2011); http://www.proyectocañada.es/ley-regional-para-la-desafeccion-de-la-canada-real-galiana-con-swing-de-la-presidenta-lanzando-el-problema-social-real-a-los-ayuntamientos (letzter Zugriff: 28.1.2016).
- Daniel Zarza, »Proyectocañadaes«, in: *Proyecto Cañada* (Madrid) 2012; http://www.proyectocañada.es/2012/04 (letzter Zugriff: 28.1.2016).


**Canaan, Haiti, S. 62**

**Johann-Christian Hannemann**


- Ayiti Kale Je (Haiti Grassroots Watch), »Reconstruction's Massive Slum Will Cost ›Hundreds Of Millions‹« (2013), in: http://www.haitigrassrootswatch.com/journal/2013/6/17/bidonville-coutera-des-centaines-de-millions-slum-will-cost.html (letzter Zugriff: 8.11.2016).
- Kettly Mars, *Vor dem Verdursten. Litradukt,* Trier 2013.
- Johann-Christian Hannemann u. a., »Designing for Uncertainty: The Case of Canaan, Haiti«, in: Daniel Czechowski u. a. (Hrsg.), *Revising Green Infrastructure: Concepts Between Nature and Design,* Boca Raton 2014, S. 323–351.
- Valentin Heimhuber u. a., »Flood Risk Management in Remote and Impoverished Areas. A Case Study of Onaville, Haiti«, in: *Water*, 7, 7, 2015, S. 3832–3860; doi:10.3390/w7073832; Special Issue *Sustainable Water Management and Decision Making under limited Data Availability.* http://www.mdpi.com/2073-4441/7/7/3832/pdf (letzter Zugriff: 8.11.2016).


**Statement, Partizipationserfahrungen in Haiti, S. 73**

**Gerardo Gazmuri**


- https://www.techo.org/en-tu-pais/haiti-nomaspobreza/ (Offizielle Homepage von TECHO zur Bedeutung freiwilliger Arbeit).
- https://ejempla.com/actualidad/haiti-se-sigue-levantando-luego-del-terremoto (Kurzbeschreibung der heutigen Lage in den Gemeinden, in denen TECHO gearbeitet hat).
- https://www.youtube.com/watch?v=ASIDpV6QGeg (letzter Zugriff: 8.11.2016; Einweihung der Schule in Gariche Prince).
- http://www.elnuevoherald.com/noticias/sur-de-la-florida/article8964935.html (letzter Zugriff: 8.11.2016; Finanzierungskampagne und die Realität der Gemeinden).
- http://www.haitilibre.com/en/news-15299-haiti-social-dhl-installs-solar-street-lights-and-plant-trees.html (letzter Zugriff: 8.11.2016; Projekt der Einrichtung einer öffentlichen Beleuchtung in Onaville).
- http://www.inducar.pt/cp/ow_userfiles/plugins/forum/attachment_44_507eea1fe8529.pdf (letzter Zugriff: 8.11.2016; Handbuch in Form eines PDF-Leitfadens über Diagnosemethoden zur Partizipation auf dem Land, das den Initiativen von TECHO-Haïti als Grundlage diente).
- http://www.gloobal.net/iepala/gloobal/fichas/ficha.php?entidad=Metodologias&id=1&opcion=descripcion#ficha_gloobal (letzter Zugriff: 8.11.2016; Weitere Verweise zur Definition und Aufsätze zum Thema »Diagnostik der Partizipation auf dem Land«).


**Bali, Indonesien, S. 76**

**Jörg Rekittke**


- Alfred Russel Wallace, *The Malay Archipelago: The Land of the Orang-Utan and the Bird of Paradise*, Oxford 2016 (= Stanfords Travel Classics).
- Ulrich Seidl, *Paradise: Love*, Ulrich Seidl Film, Österreich 2012 (Film).
- Jörg Rekittke und Yazid Ninsalam, »Sliced Ecosystem: Modelling Transects of Vulnerable Marine Landscapes«, in: *Journal of Digital Landscape Architecture*, 1, 2016, S. 36–45.


**Jakarta, Indonesien, S. 86**

**Jörg Rekittke**


- Christopher Silver, *Planning the Megacity: Jakarta in the Twentieth Century,* Abingdon/ Oxfordshire 2008.
- Pauline Texier, »Floods in Jakarta: When the Extreme Reveals Daily Structural Constraints and Mismanagement«, in: *Disaster Prevention and Management,* 17, 3, 2008, S. 358–372.
- Jörg Rekittke, »Being in Deep Urban Water. Finding the Horizontal Urban Trim Line, Jakarta, Indonesia«, in: Kelly Shannon und Bruno de Meulder (Hrsg.), *Water Urbanisms East. Emerging Practices and Age-Old Traditions,* Zürich 2013 (= UFO Explorations of Urbanism; 3), S. 80–91

Changde, China, S. 96

Antje Stokman

- Kongjian Yu, Lei Zhang und Dihua Li, »Living with Water: Flood Adaptive Landscapes in the Yellow River Basin of China«, in: *JoLa Journal of Landscape Architecture,* Herbst 2008, S. 6–17.
- Nengshi Zheng, *Wetland Park Xiajiadang Changde Hannover,* 2008, unpublizierte Diplomarbeit, Leibniz Universität Hannover.
- Yingying Zhu, *Grüne Infrastruktur und Freiraumgestaltung. Umgestaltung der Mischwassersammelbecken in der Stadt Changde,* 2007, unpublizierte Diplomarbeit, Leibniz Universität Hannover.
- Kommunalverwaltung Changde, *Changde to Build a Sponge City,* 2015, http://eng.changde.gov.cn/art/2015/4/29/art_66149_1601825.html (letzter Zugriff: 11.2.2016).

Lima, Peru, S. 110

Antje Stokman

- Antje Stokman, »Clean Urbanism vs. Dirty Design: Appropriating Water Infrastructure Systems as Urban Water Landscapes«, in: *South Architecture,* Bd. 1, Nr. 4, 2015, S. 72–77.
- Antje Stokman, Rossana Poblet und Eva Nemcova, »Multidisciplinary Research/Design/Build Summer Schools: Solutions for a Water Scarce Future in Metropolitan Lima, Perú«, in: Bernd Mahrin (Hrsg.), *Capacity Development Approaches for Future Megacities,* Berlin 2014 (= Future Megacities; 3), S. 106–122.
- Bernd Eisenberg u. a., »Lima: a Megacity in the Desert/Lima: Lower Chillon River Plan/Lima: Integrated Urban Planning«, in: Elke Pahl-Weber und Frank Schwartze (Hrsg.), Space Planning and Design. Integrated Planning and Design Solutions for Future Megacities, Berlin 2014 (= Future Megacities; 5), S. 27–34, 79–88, 139–165.
- Eva Nemcova u. a., »Water-Sensitive Design of Open Space Systems. Ecological Infrastructure Strategy for Metropolitan Lima«, in: Daniel Czechowski u. a. (Hrsg.), *Revising Green Infrastructure: Concepts Between Nature and Design,* London 2014, S. 357–387.
- Bernd Eisenberg u. a., »Lima Ecological Infrastructure Strategy (LEIS). Integrated Urban Planning and Design Tools for a Water Scarce City«, 2014; https://issuu.com/ilpe/docs/lima_ecological_infrastructure_stra_9c435aba38df2f (letzter Zugriff: 8.11.2016).
- Antje Stokman und Johannes Jörg, »Strategic Approaches to Urban Wetlands: Reconciling Nature Conservation, Engineering and Landscape Architecture«, in: *Landscape Architecture Frontiers Magazine,* China 2013, S. 44–55.
- Antje Stokman, »Lima – Beyond the Park«, in: *Topos,* 81: *Water Landscapes,* 2012, S. 102–109.
- Jörg Rekittke und Yazid Ninsalam, »Sliced Ecosystem: Modelling Transects of Vulnerable Marine Landscapes«, in: *Journal of Digital Landscape Architecture,* 1, 2016, S. 36–45.

Statement, Lektionen aus dem Parque de los Niños, S. 120

Rosa Maria Miglio Toledo De Rodriguez

- Rosa Miglio u. a., »Water Sensitive Urban Design for Metropolitan Lima, Peru – ›Wastewater Treatment Park: The Children's Park‹ – Application of Vertical Flow Constructed Wetlands in Public Open Space for Reuse of Treated Wastewater (Peru)«, in: Hiroshan Hettiarachchi und Reza Ardakanian (Hrsg.), *Safe Use of Wastewater in Agriculture: Good Practice Examples,* Dresden 2016; https://flores.unu.edu/wp-content/uploads/2016/08/Safe-Use-of-Wastewater-in-Agriculture-by-Hettiarachchi-Ardakanian.pdf (letzter Zugriff: 11.3.2016).
- Bernd Eisenberg u. a., »Lima Ecological Infrastructure Strategy: Integrated urban planning strategies and design tools for water-scarce cities«, Institut für Landschaftsplanung und Ökologie, Stuttgart 2014; https://issuu.com/ilpe/docs/lima_ecological_infrastructure_stra_9c435aba38df2f (englische Version, letzter Zugriff: 11.3.2016) und https://issuu.com/ilpe/docs/leis__-_esp_20141117_copy (spanische Version, letzter Zugriff: 11.3.2016).
- Hannah Kosow, Christian León, Manfred Schütze, »Escenarios para el futuro – Lima y Callao 2040«, 2013; http://www.lima-water.de/documents/scenariobrochure.pdf (spanische Version, eingesehen am 11.3.2016).

Medellín, Kolumbien, S. 124

Christian Werthmann

- Joseph Claghorn u. a., »Rehabitar la Montaña: strategies and processes for sustainable communities in the mountainous periphery of Medellín«, in: *urbe,* 8, 1, 2016, S. 42–60.
- Joseph Claghorn und Christian Werthmann, »Shifting Ground: Landslide Risk Mitigation through Community-Based Landscape Interventions«, in: *Journal of Landscape Architecture,* 10, 2015, S. 6–15.
- Joseph Claghorn und Christian Werthmann, »Non-formal Growth and Landslide Risk. Strategies to improve non-formal settlements in Medellin«, in: *TOPOS,* 90, 2015, S. 50–56
- David Petley, Global Patterns of Loss of Life from Landslides, in: *Geology,* 40, 10, 2012, S. 927–930.
- Christian Werthmann und Alejandro Echeverri (Hrsg.), *Rehabitar La Montaña: Estrategias y procesos para un hábitat sostenible en las laderas de Medellín,* Medellín 2013.
- Christian Werthmann u. a. (Hrsg.), *Rehabitar La Ladera: Shifting Ground,* Medellin 2012; http://issuu.com/werthmann/docs/shiftingground (letzter Zugriff: 10.4.2015).
- Christian Werthmann und Jessica Bridger, (Hrsg.), *Metropolis Nonformal.* San Francisco 2015.

São Paulo, Brasilien, S. 136

Christian Werthmann

- Christian Werthmann und Jessica Bridger, (Hrsg.), *Metropolis Nonformal,* San Francisco 2015.
- Christian Werthmann, »Pollution and Propaganda«, in: Anuradha Mathur und Dilip da Cunha (Hrsg.), *Design in the Terrain of Water,* Philadelphia 2014, S. 123–129.
- Christian Werthmann (Hrsg.), *Tactical Operations in the Informal City,* São Paulo 2009.

# Abbildungsnachweis

**Casablanca, Marokko**
- S. 20: © Jutta Henglein-Bildau
- S. 22: © Jutta Henglein-Bildau
- S. 23.1: © Jutta Henglein-Bildau
- S. 23.2: © Jutta Henglein-Bildau
- S. 23.3: © TU Berlin, UAC-Projekt
- S. 24: Grafik: © Giseke u. a. 2015, S. 298
- S. 25: Grafik: © Giseke u. a. 2015, S. 401
- S. 26: Grafik: © Giseke u. a. 2015, S. 308
- S. 27: Grafik: © Giseke u. a. 2015, S. 280
- S. 29: Grafik: © Giseke u. a. 2015, S. 280
- S. 30.1: © TU Berlin, UAC-Projekt
- S. 30.2: © TU Berlin, UAC-Projekt
- S. 32: © TU Berlin, UAC-Projekt

**Kigali, Ruanda**
- S. 36: © Jutta Henglein-Bildau
- S. 38: Grafik: © TU Berlin, Projekt Rapid Planning
- S. 39.1: © Jutta Henglein-Bildau
- S. 39.2: © Jutta Henglein-Bildau
- S. 40.1: © Jutta Henglein-Bildau
- S. 40, 41: © Jutta Henglein-Bildau
- S. 42: Grafik: © TU Berlin, Projekt Rapid Planning
- S. 43: Grafik: © TU Berlin, Projekt Rapid Planning
- S. 44.1: © Jutta Henglein-Bildau
- S. 44.2: © Jutta Henglein-Bildau
- S. 44.3: © Jutta Henglein-Bildau

**Cañada Real Galiana, Spanien**
- S. 48: © Johann-Christian Hannemann, CC BY-SA 4.0
- S. 50: Grafik: © Archivo Histórico de Vías Pecuarias, Ministerio de Fomento Madrid
- S. 51: © Johann-Christian Hannemann, CC BY-SA 4.0
- S. 52.1: © Johann-Christian Hannemann, CC BY-SA 4.0
- S. 52, 53: © Johann-Christian Hannemann, CC BY-SA 4.0
- S. 53 (rechts): © Regine Keller
- S. 55: © Regine Keller
- S. 56.1: Grafik: © Ines Hoffmann
- S. 56.2: Grafik: © Studentische Entwürfe: Baur, van Bon, Hepp, Hoffmann, Le, Loewel, Rainer, 2016
- S. 57: Grafik: © Arturo Soria y Mata, Wikimedia Commons, CC BY-SA 2.5

**Statement, Triftwege (Cañadas Pecuarias)**
- S. 58.1: Grafik © Daniel Zarza
- S. 58.2: Grafik © Daniel Zarza
- S. 61.1 (links): © Paco Manzano, Un toro negro y enorme, España Abierta, Madrid 1994, S. 26
- S. 61.2 (rechts): © Eda Schaur, Ungeplante Siedlungen/Non-Planned Settlements, Mitteilungen des Instituts für leichte Flächentragwerke, IL 39, Universität Stuttgart, hrsg. von Frei Otto, Stuttgart 1992, S. 152
- S. 61.3 (unten links): © Eda Schaur, Ungeplante Siedlungen/Non-Planned Settlements, Mitteilungen des Instituts für leichte Flächentragwerke, IL 39, Universität Stuttgart, hrsg. von Frei Otto, Stuttgart 1992, S. 153
- S. 61.4 (unten rechts): © PNOA assigned by © Instituto Geográfico Nacional, Madrid 2009

**Canaan, Haiti**
- S. 62: © Johann-Christian Hannemann, CC BY-SA 4.0
- S. 64.1 (oben links): Karte: © Gallica, Bibliothèque nationale de France
- S. 64.2 (oben rechts): Karte: © Raphaela Guin
- S. 64.3 (unten links): © ECHO/Raphaël Brigandi, © European Union; CC BY-SA 2.0
- S. 64, 65: © Johann-Christian Hannemann, CC BY-SA 4.0
- S. 65.1: © Johann-Christian Hannemann, CC BY-SA 4.0
- S. 65.2: © Mariana Aramayo Donoso
- S. 66.1: © Johann-Christian Hannemann, CC BY-SA 4.0
- S. 66.2: © Johann-Christian Hannemann, CC BY-SA 4.0
- S. 66.3: © Johann-Christian Hannemann, CC BY-SA 4.0
- S. 68: © Johann-Christian Hannemann, CC BY-SA 4.0
- S. 69: © Johann-Christian Hannemann, CC BY-SA 4.0
- S. 70.1: © Valentin Heimhuber, CC BY-SA 4.0
- S. 70.2: © Valentin Heimhuber, CC BY-SA 4.0
- S. 70.3: © Jean Baptiste Jean Baby, CC BY-SA 4.0
- S. 70.4: Zeichnung: © Johann-Christian Hannemann, CC BY-SA 4.0
- S. 71: © Johann-Christian Hannemann, CC BY-SA 4.0

**Statement, Partizipationserfahrungen in Haiti**
- S. 74.1: © Gerardo Gazmuri
- S. 74.2: © Gerardo Gazmuri
- S. 74.3: © Gerardo Gazmuri
- S. 74.4: © Gerardo Gazmuri
- S. 74.5: © Gerardo Gazmuri
- S. 75.1: © Gerardo Gazmuri
- S. 75.2: © Gerardo Gazmuri

**Bali, Indonesien**
- S. 76: © Wan Jing, NUS MLA Studio Rekittke
- S. 78.1: Grafik: © Feng Yuanqiu, NUS MLA Studio Rekittke
- S. 78.2: © Zhang Shangyu, NUS MLA Studio Rekittke
- S. 78.3: © Yazid Ninsalam
- S. 79.1: Luftaufnahmen: © Jörg Rekittke, Yazid Ninsalam (2015). Montage: Gruppenarbeit, NUS MLA Studio Rekittke (2015)
- S. 79.2: © Jörg Rekittke
- S. 79.3: © Jörg Rekittke
- S. 80.1 (oben links): © Jörg Rekittke
- S. 80.2 (Mitte links): © Jörg Rekittke
- S. 80.3 (unten links): © Jörg Rekittke
- S. 80.4 (oben rechts): © Jörg Rekittke
- S. 80.5 (Mitte rechts): © Jörg Rekittke
- S. 80.6 (unten rechts): © Jörg Rekittke
- S. 81.1: © Jörg Rekittke
- S. 81.2: © Jörg Rekittke
- S. 81.3: © Jörg Rekittke
- S. 82: Montage: © Jörg Rekittke, basierend auf Gruppenarbeit, NUS MLA Studio Rekittke
- S. 83.1: Grafik: © Gruppenarbeit, NUS MLA Studio Rekittke
- S. 83.2: Grafik: © Gruppenarbeit, NUS MLA Studio Rekittke

**Jakarta, Indonesien**
- S. 86: © Jörg Rekittke
- S. 88: Grafik: © Gruppenarbeit, NUS MLA Studio Rekittke (2013)
- S. 89: © Jörg Rekittke
- S. 90: Grafik: © Gruppenarbeit, NUS MLA Studio Rekittke (2013)
- S. 91: Grafik: © Gruppenarbeit, NUS MLA Studio Rekittke (2013)
- S. 92.1: © Ronnie Mak, NUS MLA Studio Rekittke
- S. 92.2: Grafik: © Gruppenarbeit, NUS MLA Studio Rekittke
- S. 93: Schema: © Jörg Rekittke, basierend auf Gruppenarbeit, NUS MLA Studio Rekittke (2013)

Changde, China
- S. 96: © Lothar Fuchs
- S. 98: Grafik: © Antje Stokman
- S. 99.1: © Antje Stokman
- S. 99.2: © Antje Stokman
- S. 99.3: Grafik: © Nengshi Zheng
- S. 100.1: © Antje Stokman
- S. 100.2: © Antje Stokman
- S. 100.3: © Antje Stokman
- S. 100.4: Grafik: © Wasser Hannover e. V.
- S. 101: Grafik: © Wasser Hannover e. V.
- S. 102.1: © Lothar Fuchs
- S. 102, 103: © Lothar Fuchs
- S. 103 (rechts): © Lothar Fuchs
- S. 104: © Lothar Fuchs
- S. 105: © Lothar Fuchs

Statement, Der Traum von Schwammstädten wird allmählich Wirklichkeit
- S. 108: © Turenscape, Peking
- S. 109: © Turenscape, Peking

Lima, Peru
- S. 110: © Evelyn Merino-Reyna, Lima
- S. 112: © Marius Ege
- S. 113: © Evelyn Merino-Reyna, Lima
- S. 114.1 (oben links): © Marius Ege
- S. 114, 115: © Marius Ege
- S. 114.2 (unten links): © Andrea Balestrini
- S. 114.3 (unten rechts): © Antje Stokman
- S. 116.1: © Maximilian Mehlhorn
- S. 116.2: © Maximilian Mehlhorn
- S. 116.3: © Rossana Poblet
- S. 116.4: © Rossana Poblet
- S. 116.5: © Antje Stokman
- S. 117.1: Grafik: © Eva Nemcova
- S. 117.2 (Mitte links): © Evelyn Merino Reyna
- S. 117.3 (Mitte rechts): © Marius Ege
- S. 117.4 (unten links): © Eva Nemcova
- S. 117.5 (unten rechts): © Andrea Balestrini
- S. 118: Grafik: © Marius Ege

Statement, Lektionen aus dem Parque de los Niños
- S. 121.1: © Evelyn Merino Reyna
- S. 121.2: © Eva Nemcova
- S. 122.1: © Alexandra Garcia
- S. 122.2: © Alexandra Garcia

Medellín, Kolumbien
- S. 124: © Marcus Hanke, Institut für Landschaftsarchitektur, Leibniz Universität Hannover
- S. 127.1 (oben links): Quelle: Institut für Landschaftsarchitektur, Leibniz Universität Hannover (ILA, LUH) / Centro de Estudios Urbanos y Ambientales (urbam) / Escuela de Administración, Finanzas e Instituto Tecnológico, Universität Medellín (EAFIT)
- S. 127.2 (oben rechts): Quelle: © Institut für Landschaftsarchitektur, Leibniz Universität Hannover (ILA, LUH) / Centro de Estudios Urbanos y Ambientales (urbam) / Escuela de Administración, Finanzas e Instituto Tecnológico, Universität Medellín (EAFIT)
- S. 127.3: © Joseph Claghorn, Institut für Landschaftsarchitektur, Leibniz Universität Hannover
- S. 128.1: Quelle: © Marcus Hanke, Institut für Landschaftsarchitektur, Leibniz Universität Hannover
- S. 128.2: Quelle: © Institut für Landschaftsarchitektur, Leibniz Universität Hannover (ILA, LUH) / Centro de Estudios Urbanos y Ambientales (urbam) / Escuela de Administración, Finanzas e Instituto Tecnológico, Universität Medellín (EAFIT)
- S. 128.3: Quelle: © Institut für Landschaftsarchitektur, Leibniz Universität Hannover (ILA, LUH) / Centro de Estudios Urbanos y Ambientales (urbam) / Escuela de Administración, Finanzas e Instituto Tecnológico, Universität Medellín (EAFIT)
- S. 130.1: Quelle: © Institut für Landschaftsarchitektur, Leibniz Universität Hannover (ILA, LUH)
- S. 130.2: Quelle: © Institut für Landschaftsarchitektur, Leibniz Universität Hannover (ILA, LUH) / Centro de Estudios Urbanos y Ambientales (urbam) / Escuela de Administración, Finanzas e Instituto Tecnológico, Universität Medellín (EAFIT)
- S. 131.1: Quelle: © Institut für Landschaftsarchitektur, Leibniz Universität Hannover (ILA, LUH) / Centro de Estudios Urbanos y Ambientales (urbam) / Escuela de Administración, Finanzas e Instituto Tecnológico, Universität Medellín (EAFIT)
- S. 131.2: Quelle: © Institut für Landschaftsarchitektur, Leibniz Universität Hannover (ILA, LUH)
- S. 132: Quelle: © Institut für Landschaftsarchitektur, Leibniz Universität Hannover (ILA, LUH) / Centro de Estudios Urbanos y Ambientales (urbam) / Escuela de Administración, Finanzas e Instituto Tecnológico, Universität Medellín (EAFIT)

São Paulo, Brasilien
- S. 136: © Marcus Hanke, Institut für Landschaftsarchitektur, Leibniz Universität Hannover
- S. 139.1: Quelle: © Vincenzo Pastore, mit freundlicher Genehmigung von Instituto Moreira Salles, São Paulo
- S. 139.2: Quelle: © auf Grundlage von Secretaria Municipal de Desenvolvimento Urbano (SMDU), São Paulo / Zeichnungen modifiziert von Institut für Landschaftsarchitektur, Leibniz Universität Hannover
- S. 139.3: © Vincenzo Pastore, mit freundlicher Genehmigung von Instituto Moreira Salles, São Paulo
- S. 140.1: © Marcus Hanke, Institut für Landschaftsarchitektur, Leibniz Universität Hannover
- S. 140.2: © Marcus Hanke, Institut für Landschaftsarchitektur, Leibniz Universität Hannover
- S. 140.3: © Marcus Hanke, Institut für Landschaftsarchitektur, Leibniz Universität Hannover
- S. 140.4: © Marcus Hanke, Institut für Landschaftsarchitektur, Leibniz Universität Hannover
- S. 141: Zeichnung: © Institut für Landschaftsarchitektur, Leibniz Universität Hannover, auf Grundlage von CAD Daten der Stadt São Paulo
- S. 143.1: Quelle: © Institut für Landschaftsarchitektur, Leibniz Universität Hannover, auf Grundlage von CAD Daten der Stadt São Paulo
- S. 143.2 (links unten): Quelle: © auf Grundlage von Secretaria Municipal de Desenvolvimento Urbano (SMDU), São Paulo / Zeichnungen modifiziert von Institut für Landschaftsarchitektur, Leibniz Universität Hannover / historischem Kartenmaterial
- S. 143.3 (rechts unten): Quelle: © Institut für Landschaftsarchitektur, Leibniz Universität Hannover, auf Grundlage von CAD-Daten der Stadt São Paulo

Aus dem Dunkel ins strahlende Licht – Feldforschung im Museum
- S. 148, 149: © OFICINAA, Silvia Benedito, Alexander Häusler
- S. 149 (unten): © OFICINAA, Silvia Benedito, Alexander Häusler

Diese Publikation erscheint
anlässlich der Ausstellung:

draußen

Landschaftsarchitektur
auf globalem Terrain

Architekturmuseum
der TU München,
Pinakothek der Moderne
27. April–20. August 2017

**Herausgeber:**
Andres Lepik in Zusammenarbeit mit Undine Giseke, Regine Keller, Jörg Rekittke, Antje Stokman, Christian Werthmann

**Lektorat:**
Ilka Backmeister-Collacott

**Übersetzungen:**
Aus dem Englischen: Alexandra Titze-Grabec (Kurzbiografien, Statements zu Casablanca, Changde, Jakarta, Kigali, Lima, Medellín und São Paulo, Texte von Beardsley und Stokman)
Aus dem Spanischen: Stefan Barmann (Statements zu Haiti und Madrid)

**Grafische Gestaltung:**
DESIGNBUERO
JOSEF GRILLMEIER
MUNICH:
Lucas Gebhardt-Seele

**Koordination:**
Irene Meissner

**Projektmanagement:**
Juliane Eisele

**Verlagsherstellung:**
Heidrun Zimmermann

**Reproduktionen:**
Repromayer GmbH, Reutlingen

**Druck und Buchbinderei:**
DZA Druckerei zu Altenburg GmbH, Altenburg

**Papier:**
150 g/qm HelloFat matt

**Verwendeter Font:**
*Circular* von Laurenz Brunner



Erschienen im
Hatje Cantz Verlag
Mommsenstraße 27
10629 Berlin
Tel. +49 30 3464678-00
Fax +49 30 3464678-29
www.hatjecantz.de
Ein Unternehmen der Ganske Verlagsgruppe

ISBN 978-3-7757-4258-0 (Deutsch)
ISBN 978-3-7757-4259-7 (Englisch)

Printed in Germany

**Umschlagabbildung:**
Der Ciliwung River im Bereich des Viertels Kampung Bukit Duri, Jakarta, Indonesien, 2011, Foto: © Jörg Rekittke

**Ausstellung**

**Kuratoren:**
Undine Giseke mit Kathrin Wieck, Lucas Hövelmann und David Aerni; Regine Keller mit Johann-Christian Hannemann; Jörg Rekittke mit Philip Paar und Yazid Ninsalam; Antje Stokman mit Eva Nemcova, Marius Ege und Xing Xu; Christian Werthmann mit Joseph Claghorn, Marcus Hanke, Evelyn König, Heike Schäfer und Lisa Seiler

**Ausstellungsgestaltung:**
OFICINAA, Silvia Benedito und Alexander Häusler, Ingolstadt

**Grafische Gestaltung:**
DESIGNBUERO
JOSEF GRILLMEIER
MUNICH

**Koordination:**
Irene Meissner

**Registrar:**
Thilo Schuster

**Sekretariat:**
Marlies Blasl, Rike Menacher, Inge Oberndorfer

**Ausstellungsaufbau:**
Andreas Bohmann, Anton Heine, Thomas Lohmaier

**Mit freundlicher Unterstützung von:**
PIN. Freunde der Pinakothek der Moderne e.V.